글 | 조영경   그림 | 이일선

머리말

습관은 제2의 천성이라고 합니다. 그래서 잘 고쳐지지 않죠.

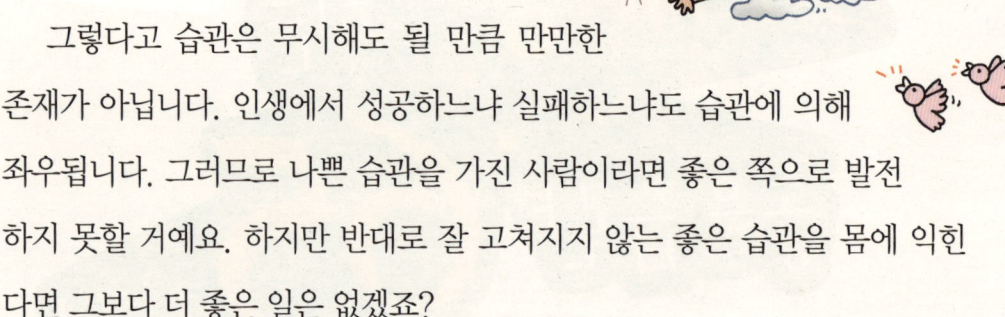

그렇다고 습관은 무시해도 될 만큼 만만한 존재가 아닙니다. 인생에서 성공하느냐 실패하느냐도 습관에 의해 좌우됩니다. 그러므로 나쁜 습관을 가진 사람이라면 좋은 쪽으로 발전하지 못할 거예요. 하지만 반대로 잘 고쳐지지 않는 좋은 습관을 몸에 익힌다면 그보다 더 좋은 일은 없겠죠?

특히 어렸을 때 몸에 밴 습관은 쉽게 고쳐지지 않습니다. 세 살 버릇 여든까지 간다고, 앞으로 건강하고 올바른 생활 습관을 몸에 익히도록 하세요.

여기에 여러분이 몸에 익히면 좋을 습관들을 모았습니다.

인기짱, 몸짱, 사회짱, 경제짱, 공부짱 모두 5대짱이 되는 좋은 습관들만 말이에요. 아마 이런 생각을 하는 친구들도 있을 거예요.

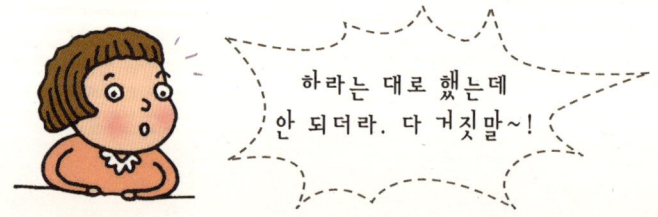

첫술에 배부를 수 있나요? 수영을 배울 때 오늘 발차기를 배웠을 뿐인데, 내일 당장 자유형에 배영, 평영, 접영, 다이빙까지 할 수 있겠냐고요. 말 그대로 습관을 들이세요. 습관을 들이다 보면 자신도 모르게 하나씩 내공이 쌓여갈 것입니다.

제1장 몸짱되는 습관

- 01 물 먹는 하마가 되자
- 02 스무 번 씹고 골라 먹는 재미는 버리기
- 03 하루의 시작은 아침밥부터
- 04 3분 시리즈를 버리자
- 05 운동은 몸짱의 기본
- 06 첫눈에 킹카.퀸카로 보이는 법
- 07 꿈나라에서 헤엄치자, 올바른 수면 방법
- 08 똥을 우습게 보지 말자, 배변 습관
- 09 똥배 안 나오는 습관, 아랫배 체조
- 10 키 크는 습관, 키 크는 체조
- 11 피부짱 되는 습관, 피부 관리법
- 12 다리가 길어 보이게 옷 입는 습관
- 13 바르게 걷는 습관, 바르게 앉는 습관

제2장 경제짱되는 습관

- 14 엄마 따라 가계부를 쓴다
- 15 진돈 모아 큰돈
- 16 경제짱들이 모이는 벼룩시장에 가 보자
- 17 쿠폰왕이 되자
- 18 브랜드보다 질을 따지자
- 19 물건 살 때 세 번 생각하기
- 20 용돈 안에서 해결하자
- 21 쓸 때는 쓴다, 구두쇠와 절약가의 차이
- 22 배보다 배꼽이 크지 않기
- 23 남모르게 새는 돈 막기
- 24 내가 만드는 가보

제 3 장 인기짱되는 습관

25 하나쯤 나만의 특기를 만들자
26 무표정의 조각상보다는 웃는 돼지가 낫다
27 하루에 한 번은 친구를 칭찬하자
28 입장 바꿔 생각해 보자
29 자신있게 말하자
30 세 번 듣고 한 번 말하기
31 알맹이 없는 나서기는 가라
32 유머를 즐기자
33 화해는 먼저 한다
34 말 한 마디로 얻는 것과 잃는 것
35 다른 반, 다른 학교 친구도 사귀자
36 벼는 익을수록 고개를 숙이는 법

제 4 장 사회짱되는 습관

37 약속은 사회짱의 기본
38 칸트를 따라하자
39 된다 된다, 그러면 된다!
40 중요한 일부터 해결하자
41 자기 전에 해야 할 일, 일어나자마자 해야 할 일
42 고(go) 스톱(stop)의 고수가 되자
43 오늘과 내일 할 일은 정해져 있다
44 스스로 하는 일을 늘려가자
45 하는 만큼 되돌아오는 인사
46 새 달력을 받으면 꼭 할 일
47 용머리에 뱀꼬리 붙이지 말자
48 정보의 바다에서 헤엄치기

49 환경지킴이가 되자
50 한 달에 한 번 효도의 날을 정하자

제 5 장 공부짱되는 습관

51 숙제는 학교에서 오자마자 한다
52 계획과 목표가 있으면 공부도 재미있다
53 한 가지를 배우면 열 가지를 생각하자
54 골고루 책읽기
55 재미있게 신문과 뉴스 보기
56 공부만큼 중요한 제대로 놀기
57 IQ 150을 이길 수 있는 메모
58 뇌를 살찌울 수 있는 음식을 먹자
59 제대로 오래 기억할 수 있는 습관
60 낙타가 바늘구멍을 통과할 수 있는 집중력
61 무작정 따라쟁이는 되지 말자
62 공부하기 전 준비 운동, 정리정돈
63 수업 시간은 나의 독무대, 질문
64 선생님의 팬이 되자
65 니도 힌다, 아침형 아이

01_ 물 먹는 하마가 되자
02_ 스무 번 씹고 골라 먹는 재미는 버리기
03_ 하루의 시작은 아침밥부터
04_ 3분 시리즈 버리자
05_ 운동은 몸짱의 기본
06_ 첫눈에 킹카 퀸카로 보이는 법
07_ 꿈나라에서 헤엄치자, 올바른 수면 방법
08_ 똥을 우습게 보지 말자, 배변 습관
09_ 똥배 안 나오는 습관, 아랫배 체조
10_ 키 크는 습관, 키 크는 체조
11_ 피부짱 되는 습관, 피부 관리법
12_ 다리가 길어 보이게 옷 입는 습관
13_ 바르게 걷는 습관, 바르게 앉는 습관

몸짱 되는 습관

01
물 먹는 하마가 되자

물을 많이 마시는 사람을 '물 먹는 하마'라고 놀리는데, 그게 놀릴 일이 아니랍니다. 반드시 따라해야 하는 건강의 첫걸음이에요.

우리 몸은 70% 이상이 물로 되어 있어요. 그 가운데 2%만 부족해도 갈증을 느끼고, 5%가 부족하면 정신을 잃는다고 해요. 만약 12% 이상 부족하면 목숨을 잃을 수도 있답니다.

음식을 안 먹고는 4~6주 정도 견딜 수 있지만, **물을 안 먹으면 1주일 안에 죽을 수도 있어요. 그만큼 물은 우리가 생명을 유지하는 데 아주 중요한 역할**을 하고 있습니다.

그냥 밍밍한 물이 뭐가 그리 대단할까 싶겠지만, 물은 우리 몸 속에서 영양분이 잘 흡수될 수 있도록 도와 주고 체온을 조절해 주며 독소를 빼 주는 등 여러 가지 역할을 해요.

뿐만 아니라 우리 몸 안의 세포에 수분이 부족하면 병에 대한 저항력이 떨어지기 때문에 물을 많이 마시는 것이 좋아요. 또 변비를 미리 막기 위해서도 물을 많이 마시는 것이 좋습니다.

건강을 위해서 하루에 일곱 잔 정도의 물은 마셔 줘야 한다고 해요. 아마 가만히 생각해 보면 하루에 물을 서너 잔밖에 마시지 않는 사람도 있을 거예요. 지금부터라도 신경써서 물을 충분히 마시도록 하세요. 너무 차가운 얼음물이나 뜨거운 물은 좋지 않아요. 약간 미지근한 물이 좋습니다.

또 식사 전이나 식사중에는 마시지 않는 것이 좋아요. 위 속의 소화 효소나 위산을 묽게 하기 때문에 소화가 잘 안 될 수도 있습니다.

참, '나는 물만 마셔도 살이 찐다' 는 사람. 그건 착각이에요. 다이어트를 위해 식사량을 조절할 때도 물은 충분히 마시는 것이 좋습니다.

02
스무 번 씹고 골라먹는 재미는 버리기

뭐든 빨리빨리, 일등이 좋다고 하지만, 절대로 일등을 하면 안 되는 게 있어요. 바로 식사입니다. 음식은 천천히 꼭꼭 씹어서 먹고 골고루 먹는 것이 중요해요.

밥은 일등으로 먹는 것이 아닙니다. 음식을 빨리 먹으면 침과 잘 섞이지 않아 소화가 잘 안 되고 또 성격도 급해지고 산만해진다고 해요.

하지만 음식을 꼭꼭 씹어 먹으면 성격도 차분해지고 소화도 잘 되며, 무엇보다 머리도 좋아지고 얼굴도 예뻐진답니다.

턱을 움직이며 음식을 꼭꼭 씹어 먹으면 뇌의 신경회로가 활발하게 움직여 머리가 좋아져요. 그리고 오징어처럼 너무 딱딱하거나 질긴 음식을 적당히 잘 씹어 먹으면 얼굴 근육이 발달하기 때문에 표정도 예뻐집니다. 이 때 치아는 양쪽 모두를 사용해야 턱 모양이 예뻐진다는 사실, 잊지 마세요.

또 뭐든 적당한 것이 좋습니다. 너무 질기고 딱딱한 것을 많이 먹으면 네모난 턱이 될 수도 있어요.

또 편식이 나쁘다는 것은 다 알죠? 영양을 골고루 섭취하지 않으니까 몸에 좋을 리가 있겠어요? 키도 잘 자라지 않고 고집쟁이가 되기 싶다고 해요.

　편식이 나쁘다는 것은 잘 알지만 입에서 당기지 않으면 정말 곤혹스럽죠. 그럴 때는 엄마에게 조리 방법을 다르게 해 달라고 해 보세요. 만약 잘 안 먹는 야채가 있다면 요리할 때 잘게 다져서 눈으로도 맛으로도 잘 느끼지 않게 하고, 생선이 비려서 잘 안 먹는다면 간을 강하게 하여 비린내를 숨겨서 먹는 거예요.

　요리한 음식을 안 먹는다면 처음부터 무리해서 억지로 많이 먹지는 마세요. 오히려 소화가 안 되고 얹힐 수 있으니까요. 다만 "으웩, 절대 싫어!" 하는 생각만은 버리세요. 그리고 조금씩 먹어 보도록 하세요. 즐거운 생각을 하면서요.

　"추어탕을 먹으면 몸이 튼튼해진다지?"

　"설렁탕을 먹으면 키가 자란다지?"

　"김치가 외국에서는 다이어트 식품이라지?"

　그런 생각을 하면 음식에 대한 거부감이 조금은 없어질 거예요.

03
하루의 시작은 아침밥부터

저녁을 먹고 이튿날 아침을 굶고 점심을 먹는다면 거의 17시간 넘게 뱃속이 비어 있게 됩니다. 그러면 기운도 없고 무엇보다 뇌에 영양이 공급되지 않아 머리가 멍하고 괜히 짜증만 나게 됩니다.

하지만 **아침밥을 먹으면 뇌에 영양이 공급되어 집중력이 좋아져 공부도 잘 되고, 속도 든든해서 기분도 좋습니다.** 아침을 기분좋게 시작하면 하루를 신나고 재미있게 보낼 수 있습니다. 반대로 아침에 기운이 없으면 종일 축 처져서 지내기 쉽습니다. 그러므로 아침밥은 어떤 일이 있어도 반드시 챙겨먹는 것이 좋아요.

혹시 우선 늦잠 때문에 아침밥을 못 먹는 친구들. 일찍 일어나는 습관을 들이는 것이 가장 좋은 방법이라는 것은 하나마나한 이야기겠죠?

또 입맛이 없어서 못 먹는 친구들. 간단하게라도 아침 식사를 할 수 있는 것을 찾아보세요. 반드시 밥에 국과 반찬을 챙겨 먹어야 하는 법은 없습니다. 간단하게 빵이나 떡으로라도 아침 식사를 대신하는 습관을 들이면 처음에는 먹히지 않던 것도 점점 나아질 거예요.

그리고 크~! 이건 정말 말도 안 되는 얘기인데, 다이어트하느라 밥을 굶는다는 친구들. 아침밥을 안 먹으면 꽤 오랫동안 위장이 비어 있게 되기 때문에 확실히 굶은 느낌이 나고, 또 하루 세 끼를 두 끼로 줄이니 살이 빠질 거라는 생각을 할지도 몰라요. 또는 "어제 저녁을 많이 먹었으니까 아침은 굶자!" 그렇게 생각하는 친구도 있겠죠.

그러나 우리 몸은 아주 영악하답니다. 저축도 아주 잘하죠. 아침밥뿐만 아니라 끼니를 굶으면 우리 몸은 잔뜩 위축이 됩니다.

"헉, 밥을 안 주네. 다음에도 안 주면 어쩌지? 그 때를 위해 영양분을 저축하자!"

그렇게 생각해서 일단 음식이 들어온다 싶으면 평소보다 더 먹게 되죠. 그래서 과식을 하게 되고, 그렇게 들어온 음식들을 에너지로 사용하지 않고 계속 쌓아두기만 해요. 그러다 보면 살이 빠지기는커녕 더 뚱뚱해진답니다. 아침을 안 먹어 힘은 없고 살은 점점 찌고, 최악의 상태에 이르는 거죠.

아침에 또렷또렷한 정신으로 공부해서 성적을 올리고, 건강하고 날씬한 몸매를 유지하고 싶다면 아침 식사를 반드시 하세요. **입맛이 없더라도 일단 먹기 시작하면 습관이 되어 아침밥도 맛있어질 것입니다.**

04

3분 시리즈를 버리자

사회가 발전하면서 모든 것이 빨라졌습니다. 고속철 덕분에 반나절이면 전국 어디든 다녀 올 수 있게 되었고, 며칠씩 걸리던 편지도 이제 전화 한 통이나 인터넷을 이용하면 국내는 물론 전 세계에 바로바로 연락을 할 수 있죠.

그리고 예전에는 사진을 찍으면 필름을 맡기고 하루 정도 시간이 걸려 찾았지만 요즘은 디지털카메라로 찍으면 바로바로 사진을 확인할 수 있습니다.

그러나 빠른 것이 다 좋은 것은 아니에요. 특히 음식은요.

인스턴트 식품, 냉동 식품은 거의 조리가 끝난 상태여서 열만 가하면 바로 먹을 수 있습니다. 오랫동안 보관할 수 있고 빨리 먹을 수 있는 장점이 있지만, 그에 못지않게 단점들도 많답니다.

우선 **인스턴트 식품은 영양소가 불균형하고 색소나 방부제가 많이 들어 있어서 우리 몸에 좋지 않아요. 그리고 영양소 가운데 아연을 없애 버린답니다. 아연은 우리 뇌의 기능을 활발하게 하는 데 반드시 필요한 영양소예요.**

인스턴트 음식은 대부분 건조 상태라 가볍고 날씬하죠. 그렇다고 먹는 사람까지 그렇게 만드는 것은 아니에요. 오히려 퉁퉁 불어 살을 찌게

합니다. 라면에 물을 부으면 퉁퉁 불듯이 인스턴트 음식을 많이 먹으면 우리 몸도 그렇게 될 수 있어요.

몸짱이 되길 원한다면 인스턴트 식품을 멀리 하세요. 3분 안에 된다는 모든 음식을 멀리 하는 습관을 들이세요. 3분 완성 식품을 가까이 하면 건강에 안 좋고 비만으로 가는 시간이 그만큼 빨라질 것입니다.

05 운동은 몸짱의 기본

여름방학이나 겨울방학이 되면 운동을 시작하는 친구들이 많이 늘어납니다. 체육관에도 다니고 친구들과 모여서 운동을 하기도 합니다.

그런데 문제는 방학 때만 반짝 하고 개학하면 이 핑계 저 핑계 대어 가며 운동을 게을리한다는 거예요. 그러면서 운동을 해도 살이 안 빠진다고 툴툴거리는 건 조금 억지가 아닐까요? 고작 한두 달 운동하고 날씬해지기를 기대하는 것은 욕심입니다. 운동은 꾸준히 해야 효과를 볼 수 있어요.

운동은 습관이 되어 있어야 합니다. 우리가 밥을 먹고 잠을 자듯이 운동도 규칙적으로 해야 해요. 그래야 건강하고 날씬한 몸매를 가꾸고 유지할 수 있습니다.

밥은 매일 먹지만 끼니 때마다 진수성찬을 먹는 것은 아니잖아요. 맛있고 영양가 있는 반찬 몇 가지면 한 끼 식사로 충분하듯 운동도 그래야 해요. 준비 과정이 길거나 특별한 운동 기구가 필요하다면 규칙적으로 할 수 없습니다.

만약 수영이나 태권도 같은 학원을 다니고 있다면 따로 준비할 것이 없을 거예요. 하지만 집에서 운동을 하려고 하는데 야구나 테니스, 볼링 같은 것은 문제가 좀 있죠? 인원이나 장소에 구애받지 않는, 간단하게 할 수 있는 운동이야말로 꾸준히 할 수 있는 좋은 운동입니다.

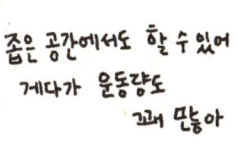

예를 들면 줄넘기는 좁은 공간에서 줄넘기 하나만 있으면 할 수 있어요. 게다가 운동량도 꽤 많답니다. 공놀이를 좋아한다면 농구도 괜찮죠. 여럿이 할 수도 있고 혼자서 연습을 할 수도 있으니까요. 빨리 걷기나 조깅도 꽤 좋은 운동이에요.

운동은 한꺼번에 몰아서 두세 시간씩 하기보다는 30분씩이라도 매일 하는 것이 더 효과적입니다. 그러려면 하루 일과 가운데 운동할 시간을 정해 두는 것이 좋아요. 아침이든 오후든 스스로 정해서 꾸준히 한다면 날씬하고 멋진 몸매를 만들 수 있을 것입니다.

06
첫눈에 킹카 · 퀸카로 보이는 법

여러분은 하루에 거울을 몇 번이나 보나요? 만약 하루 한 번도 제대로 보지 않는다면 거울을 옆에 끼고 사는 공주병 왕자병보다 더 심각합니다. 자기 자신의 모습을 가꾸지 않는다는 거니까요.

사람의 첫인상은 4분 안에 결정된다고 해요. 4분은 자기의 숨은 장점을 보여 주기에는 너무 짧은 시간이에요. 그렇게 때문에 첫인상이 중요합니다. 첫인상이 좋으려면 옷차림이나 겉모습에 신경을 쓰지 않을 수 없습니다.

옷은 'T. P. O'라고 해서 시간(Time), 장소(Place), 상황(Occasion)에 맞게 입는 센스가 필요합니다. 유행이나 연예인들을 흉내낸 옷차림이 언제 어디서나 어울리는 것은 아니랍니다. 아무리 예쁘고 멋진 옷이라 해도 그 자리에 어울리지 않는다면 오히려 남들에게 비웃음만 사게 될 거예요.

하지만 아무리 옷은 잘 차려 입었다고 해도 잘 씻지 않아서 목에 까만 때가 띠를 두르고, 머리엔 하얀 비듬, 팔뚝엔 땟물이 줄줄 그리고 온 몸에서 땀 냄새가 진동을 한다면 어떨까요? **적당한 옷차림에 앞서 청결, 깔끔은 반드시 갖추어야 해요.**

첫눈에 킹카 퀸카로 보이고 싶다면 땀 냄새가 아니라 향긋한 비누 냄새가 나야 하고, 김칫국물과 흙탕물로 얼룩진 옷이 아니라 깨끗하게 세탁한 옷을 단정하게 차려 입어야 합니다. 손톱은 너무 길거나 더럽지 않은지, 음식을 먹고 나서 이 사이에 음식물이 끼어 있지는 않은지, 머리는 너무 길거나 지저분하지 않은지 수시로 살펴야 합니다.

그러기 위해서는 거울을 자주 보세요. 그래야 자기가 지금 어떤 모습인지, 혹 지저분하거나 헝클어진 곳은 없는지 체크할 수 있으니까요.

거울을 '공주병에 걸린 애들' 또는 '여자 아이들'만의 전유물이라고 생각하지 마세요. 자신을 꼼꼼하게 살펴볼 수 있는 좋은 친구랍니다.

07
꿈나라에서 헤엄치자, 올바른 수면 방법

나폴레옹은 하루 세 시간만 잤다고 합니다. 12시간을 자도 몸이 뻐근한 사람들은 도저히 이해할 수 없는 일이죠.

그런데 잠은 몇 시간을 자는가보다는 얼마나 푹 자는가가 더 중요해요. 어설프게 12시간 잔 것보다 편안하게 6시간 푹 잔 것이 몸에 더 좋답니다. 만약 아침에 일어나기가 힘들거나 밤새 꿈에 시달리는 사람은 아래 방법들을 습관들여 보세요. 잠자는 숲 속의 미녀처럼 푹 잘 수 있을 것입니다.

1. 자기 전에 간단한 운동을 하세요

잠자기 전에 가벼운 운동을 하세요. 근육이 적당히 피곤해서 잠이 잘 온답니다. 하지만 과격한 운동은 오히려 잠을 쫓아 버려요. 훌라후프나 조금 빨리 걷기 정도가 좋습니다. 또 잠들기 전, 이불에 누우면 크게 기지개를 켜세요. 근육이 적당히 풀어져서 잠도 편하게 잘 수 있고 키가 크는 데도 도움이 됩니다.

2. 매일 같은 시간에 자고 같은 시간에 일어나세요

우리 몸은 습관에 익숙해지기 쉽습니다. 그래서 취침 시간과 기상 시간이 일정하지 않고 들쭉날쭉하면 푹 잠들 수 없습니다. 낮잠도 하루에

30분 정도는 건강에 도움이 됩니다. 하지만 그 이상 자게 되면 밤잠을 설칠 수 있어요. 피곤하거나 날씨가 더울 때, 낮잠은 잠깐만 즐기세요.

3. 저녁 식사는 가볍게

저녁을 너무 많이 먹거나 반대로 먹지 않으면 쉽게 잠이 오지 않아요. 적당하게 저녁식사를 하는 것이 좋습니다. 그리고 자기 전에 카페인이 들어 있는 커피나 녹차, 탄산음료는 피하세요. 잠이 들더라도 깊은 잠을 잘 수 없어요.

4. 조명은 어둡게

아직도 무섭다며 불을 켜고 자는 친구들이 있나요? 빛이 있으면 우리 뇌는 충분한 휴식을 취하지 못합니다. 잠을 잘 때는 불을 끄거나 아주 약한 스탠드 정도만 켜 두세요.

5. 자는 자세도 올바르게

혹시 엎드려 자는 사람 있나요? 엎드려 자는 자세만큼 허리에 무리를 주는 나쁜 습관도 없어요. 엎드려 자면 등뼈는 올라가고 허리는 내려가게 돼요. 그러면 허리가 아픈 것은 물론 척추가 변형될 수도 있어요. 가장 좋은 자세는 옆으로 누워 자는 거예요. 특히 오른쪽으로 누워서 자면 심장에 무리도 안 가고 위도 편한 상태가 되기 때문에 편하게 잠들 수 있다고 합니다.

08
똥을 우습게 보지 말자, 배변 습관

똥… 하면?

크~! 벌써 더럽다고 고개를 흔드는 친구들이 있을 거예요.

하지만 똥은 정말 중요한 것이랍니다. 어른들이 흔히 말하듯이 '잘 먹고 잘 싸는 것' 이야말로 건강을 지키는 최고의 습관이에요.

음식을 먹으면 필요한 영양소는 우리 몸에 흡수되고 그 찌꺼기들이 변으로 나오는 것인데, 찌꺼기를 몸에 쌓아 두어 봤자 득될 것이 하나도 없어요. 적당히 치워 주는 것이 건강에 좋습니다.

규칙적인 식사만큼 규칙적인 배변 또한 중요합니다. 다시 말해 매일 식사를 하듯 매일 화장실에 가는 것이 건강한 것입니다. 될 수 있으면 시간도 정해 두는 것이 좋겠죠? 아침 일찍이나 저녁에 말이에요.

낮에 배변하는 습관을 들이면 한참 학교에서 공부하거나 밖에서 활동 중일 때 화장실에 가야 하는 번거로움이 뒤따르니까요. 한방(!)에 해결하는 친구들도 이제부터는 배변 습관을 바꿔 보도록 하세요.

화장실은 집중이 잘 되는 곳이에요. 게다가 볼일을 보면서 별로 할 것도 없어서 책이나 신문을 들고 가죠. 솔직히 외울 것이 있을 때 화장실에서 외우면 잘 외워지기도 해요.

그런데 변기에 너무 오래 앉아 있으면 치질에 걸릴 위험이 있답니다.

항문 주위의 핏줄이 늘어나게 되거든요. 이것이 커져서 치질로 발전하는 것입니다. 화장실에서 책 보는 습관이 있다면 시간을 조금씩 줄이세요. 집중력이 넘쳐서 30분이고 한 시간이고 앉아 있으면 다른 사람들보다 치질에 걸릴 확률이 10배나 높답니다.

여기서 잠깐! 또 치질 하니까 '윽, 창피해!' 하고 생각하는 친구들. 절대 창피한 게 아니에요. 오히려 위험해요.

치질에 걸리지 않으려면,
첫째, 10분 이상 변기에 앉아 있지 않기.
둘째, 너무 힘 주지 말기.
셋째, 너무 박박 닦지 말기.

알았죠?
만약 통증이 있다 싶으면 좌욕을 하고 병원에 꼭 가 보도록 하세요.

09 똥배 안 나오는 습관, 아랫배 체조

거울을 보면, 앞모습 뒷모습은 완벽합니다. 그러나! 옆모습을 보면, 크~. 올챙이배처럼 볼록 튀어나온 모습이란!

아주 먼 옛날에는 배가 적당히 나와야 밥 잘 먹고 사는 부자라고 여겼다지만, 요즘은 어디 그런가요? 오히려 게으르고 자신의 몸을 사랑하지 않는 사람으로 낙인찍히죠.

그런데 뱃살이라는 게 말이에요, 운동 몇 번 한다고 없어지는 것이 아니랍니다. **얄밉게도 나올 때는 가장 먼저 나오면서 운동이나 식사 조절 등으로 다이어트를 할 때는 가장 나중에 들어가는 게 바로 이 뱃살이래요.**

그렇다고 그냥 두기에는 너무 부담스러운 뱃살. 잊고 지내다가도 옷을 입거나 문득 거울에 비친 내 옆모습에 불쑥 나타나는 뱃살.

자, 이제부터 좋은 습관으로 뱃살을 날려 보내자고요.

1. 따뜻한 물을 자주 마신다

똥배가 나온 사람들 가운데 변비로 고생하는 친구들이 있을 거예요. 따뜻한 물을 많이 마시세요. 한의학에서는 따뜻한 물이 몸 안의 노폐물을 밖으로 내보내고 혈액 순환이 잘 되게 도와 준다고 해요. 그러면 변비도 없어지고 똥배도 많이 들어간다고 합니다.

2. 밥 먹고 바로 눕지 않는다

밥을 먹고 난 후 바로 누우면 소화력이 떨어져요. 그래서 배가 더부룩하고 배도 나오게 됩니다.

3. 배에 힘 주고 서 있는다

늘 배에 긴장감을 불어넣어 주세요. 아랫배에 힘을 주어 배가 나오지 않도록 습관을 들이세요. 긴장감을 풀고 서 있으면 배가 축 쳐져서 보기 흉합니다.

4. 양반다리를 하고 앉는다

의자에 앉을 때는 등받이에 등을 대고 앉고, 바닥에 앉을 때는 양반다리를 하고 앉으세요. 그러면 등도 곧게 펴지고 아랫배에 힘이 들어가기 때문에 배가 나오지 않습니다.

10 키 크는 습관, 키 크는 체조

키가 크고 작은 데에는 여러 가지 이유가 있습니다. 유전적인 이유야 어쩔 수 없다고 하더라도, 잘못된 생활 습관이나 식생활 때문이라면 고쳐야죠. 쭉쭉 키가 클 수 있는 좋은 습관들을 찾아볼까요?

1. 자세는 늘 바르게

척추가 곧게 서야 키도 잘 커요. 삐딱하게 앉거나 걷는 습관은 고치세요.

2. 틈틈이 마사지

오래 서 있거나 앉아 있지 말고 틈틈이 다리 마사지를 해 주세요. 특히 무릎과 발의 관절을 마사지하면 성장판을 자극해서 좋고 혈액 순환도 좋아집니다.

3. 잠은 충분하게

잠을 잘 자야 키가 큰다는 사실, 잘 알죠? 그렇다고 아무 때나 아무 곳에서나 자라는 것은 아니에요. 책상에 엎드려서 자면 키가 크기는커녕 허리만 길어질 걸요? 이불을 펴고 바른 자세로 누워 자는 것이 좋습니다. 또 성장 호르몬은 10시에서 2시 사이에 가장 많이 분비되기 때문에 일찍 자고 일찍 일어나는 것이 좋습니다.

4. 운동을 꾸준히

또 운동 얘기네요. 아무래도 운동하는 습관 하나는 만드는 것이 여러 모로 좋겠죠? 그런데 운동도 운동 나름입니다. 자칫하다가는 오히려 키가 자라지 않을 수도 있으니까요. 키 크는 데 도움이 되는 운동은 온 몸을 쭉쭉 뻗어 성장판을 자극하는 줄넘기, 수영, 배구, 테니스, 농구, 탁구, 배드민턴, 조깅, 스트레칭 등입니다.

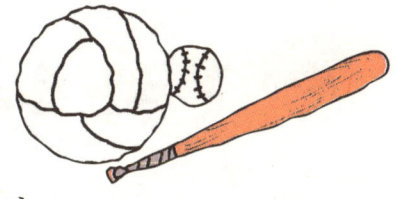

반면 역도처럼 무거운 것을 들거나 팔다리 근육을 많이 쓰는 레슬링 같은 운동은 근육을 긴장시켜 혈액 공급을 방해하기 때문에 키가 크는 데 오히려 방해가 됩니다.

5. 먹는 것도 쑥쑥

키가 크려면 먹는 것도 잘 먹어야 해요. 특히 우유나 치즈는 키가 자라는 데 도움이 많이 됩니다. 하지만 짜고, 맵고, 자극적인 음식은 키 크는 데 별로 도움이 되지 않아요. 또 단 것과 커피 그리고 탄산음료와 인스턴트 음식 역시 키 크는 데 방해만 됩니다.

11
피부짱 되는 습관, 피부 관리법

피부는 크게 지성 피부와 건성 피부 그리고 복합성 피부로 나눌 수 있어요.

피지 양이 많으면 지성 피부, 적으면 건성 피부라고 할 수 있습니다. 복합성은 건성 피부와 지성 피부가 함께 있는 경우예요. 대부분 사춘기가 되면 피지 분비량이 많아지기 때문에 깨끗하게 잘 관리해 주어야 합니다.

우선 자신의 피부가 어떤 타입인지 간단히 테스트해 보죠.

따뜻한 물에 세수를 하고 로션이든 스킨이든 아무 것도 바르지 마세요. 그리고 세 시간 후에 화장지를 3cm 정도의 정사각형으로 잘라 이마, 코, 턱, 볼에 붙이세요. 한 15초 정도 지난 다음 화장지를 떼어내면, 지성 피부는 기름기가 보일 거예요. 건성 피부는 기름기가 전혀 묻어나지 않고, 혹 이마, 턱, 코에만 기름이 보인다면 복합성 피부예요.

그러면 각 피부에 따라 어떻게 관리해야 하는지 알아볼까요?

1. 지성 피부

지성 피부는 기름이 많아서 세수를 해도 금방 얼굴이 번질번질해져요. 또 여드름이 나기 쉬운 피부입니다. 그렇기 때문에 '청결'이 가장 중요해요. 하루에 두 번 정도는 세수를 해 주고 로션도 오일이 적은 지성 피부용 제품을 사용하는 것이 좋습니다.

2. 건성 피부

건성 피부는 세수를 하면 얼굴이 당기거나 각질이 잘 생기는 피부예요. 심하면 가렵기도 합니다. 건성 피부에게 가장 중요한 것은 '수분'입니다. 피부에 수분을 충분히 공급해 주어야 해요. 로션도 유분 성분이 많은 것을 사용하고 건조한 날씨에는 보습 크림을 바르는 것이 좋습니다.

3. 복합성 피부

복합성 피부는 T존이라고 부르는 이마, 코, 턱 주위는 지성이고, 볼은 건성인 피부예요. 그렇기 때문에 지성 피부와 건성 피부 관리를 한꺼번에 해 주어야 합니다. 또한 자칫 다른 타입으로 바뀔 수 있기 때문에 계속 관리해 주어야 피부짱이 될 수 있습니다.

12 다리가 길어 보이게 옷 입는 습관

키가 작아서, 다리가 짧아서 몸짱 발끝도 못 따라간다는 친구들. 이제부터 잘 들어야 해요~.

옷을 어떻게 입느냐에 따라 신체의 단점을 보완해 멋있게 보이기도 하고 반대로 더 드러내게 해 흉해 보이기도 합니다. 잘 입은 옷 한 벌이 몸짱으로 거듭날 수 있습니다.

어린이든 어른이든 옷 입을 때 가장 신경쓰는 것이 아마 '다리 길어 보이게 입는 것' 일 거예요. **짧은 다리는 물론 긴 다리를 더더욱 길어 보이게 하는 코디법을 소개할게요.**

우선 여자 친구들!

치마를 입을 때 주의해야 할 점이 치마 길이예요. 일단 미니스커트는 다리가 길어 보이게 해요. 또 무릎이 살짝 드러나는 A라인 스커트도 다리를 길어 보이게 하죠. 그러나 다리가 못생겼다고 다리를 조금이라도 숨기기 위해 어정쩡한 길이의 치마를 입으면 오히려 짧은 다리를 더욱 강조하게 됩니다. 통통한 다리를 더욱 무다리로 보이게 하죠. 시원하게 세로로 쭉쭉 뻗은 주름치마도 다리를 길어 보이게 해요. 단 주름이 너무 많으면 뚱뚱해 보일 수 있습니다.

이번에는 남자 친구들!

흠, 이건 여자 친구들이 바지를 입을 때 참고해도 돼요.

우선 **바지 색깔이 옅은 게 좋아요.** 짙은 색은 작고 짧게 보이는 효과가 있거든요. 그리고 무늬는 **세로 줄무늬**가 좋겠죠? 가로줄무늬나 체크무늬는 시선을 옆으로 끌기 때문에 짧은 다리가 더 짧아 보일 수 있어요. **뒷주머니가 조금 위에 달린 바지**도 다리를 길어 보이게 해요. 시선이 위로 가니까요. 그리고 약간 **나팔인 바지**도 다리를 길어 보이게 합니다.

13 바르게 걷는 습관, 바르게 앉는 습관

스타들의 화보나 사진을 보면 삐딱하게 서 있는 모습, 벽에 등을 기대고 있는 모습 등은 아주 멋있어 보입니다.

하지만 한참 자라는 중인 여러분에게는 그리 좋은 자세가 아니에요. 체형이 잘못 자리잡을 수도 있고, 또 솔직히 말해 무척 안 어울립니다.

하지만 **올바르게 걷고 앉고 서 있는 모습은 언제 어디서나 아름답게 보입니다.** 특히 그러한 자세들은 자신도 모르게 습관이 되어 굳어 버리기 쉽기 때문에 어색하더라도 지금부터 몸에 배어 두는 것이 좋아요. 모델처럼 멋있게 워킹하기를 원한다면 말이죠.

어떤 자세로 앉고 어떤 자세로 서 있는가에 따라 몸매가 예뻐지기도 하고 엉망이 되기도 합니다. 심하면 병을 얻게 될 수도 있어요.

더군다나 어렸을 때 습관들이지 않으면 어른이 되어서 바로잡기 힘들답니다.

1. 걷기

등을 펴고 무릎을 펴고 걸으세요. 등도 구부정, 무릎도 구부정. 마치 만화에 나오는 할아버지 할머니처럼 걷는 친구들, 등이 휘어질 수 있어요. 키도 작아 보이고요. 이제부터 쭉쭉 펴고 걷는 습관을 들이세요.

2. 앉기

등받이에 등을 바싹대고 앉는 것이 가장 좋습니다. 그러면 허리도 펴지고 자세도 올바르게 잡히거든요. 의자에 엉덩이만 살짝 걸쳐 구부정한 자세로 앉으면 허리가 아플 수 있어요. 또 책상에 턱을 괴고 앉는 친구들, 보기 흉할 뿐만 아니라 턱선도 망치게 됩니다.

3. 서 있을 때

한쪽 다리에만 힘을 주고 삐딱하게 서면 골반이 틀어질 수 있어요. 그러면 안의 내장도 비뚤어져 소화도 잘 안 되고 변비도 생길 수 있습니다. 서 있을 때는 배를 집어넣고 허리를 꼿꼿이 세우세요. 허리를 쭉 펴지 않으면 앞으로 구부정하게 서게 되어 척추가 휠 수 있습니다. 그리고 다리를 꼬고 앉는 것이 멋지다고 생각하나 본데, 아주 나쁜 자세예요. 골반이 틀어지기 쉽거든요.

14_ 엄마 따라 가계부를 쓴다
15_ 잔돈 모아 큰돈
16_ 경제짱들이 모이는 벼룩시장에 가 보자
17_ 쿠폰왕이 되자
18_ 브랜드보다 질을 따지자
19_ 물건 살 때 세 번 생각하기
20_ 용돈 안에서 해결하자
21_ 쓸 때는 쓴다, 구두쇠와 절약가의 차이
22_ 배보다 배꼽이 크지 않기
23_ 남모르게 새는 돈 막기
24_ 내가 만드는 가보

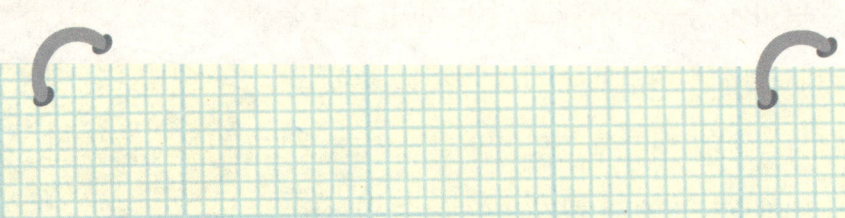

02

경제짱 되는 습관

14 엄마 따라 가계부를 쓴다

용돈을 받고 얼마 지나지 않으면 지갑에 구멍이 뚫린 건지, 아니면 누가 야금야금 돈을 가져가는 건지 흐지부지 돈이 없어지고 말아요. 정말 귀신이 곡할 노릇이죠.

그렇다면 용돈 기입장을 써 보세요. 자신이 어디에 돈을 썼는지 확실히 알 수 있어요. 그리고 자신이 어디에 돈을 많이 쓰는지도 알 수 있습니다. 혹시 쓸데없는 곳에 돈을 쓰지는 않았는지, 요즘 살이 찐다 싶었는데 군것질을 너무 많이 한 것은 아닌지 말이에요.

용돈 기입장을 쓰면 자신이 돈을 어떻게 사용하는지 알 수 있고 용돈을 적절하게 조절하는 능력이 생길 거예요. 또 다음 달 예산을 세우는 데도 도움이 되고요.

용돈 기입장을 쓸 때 대강대강 적으면 안 돼요. 그냥 뭉뚱그려서 쓰면 자신의 소비 습관을 잘 알 수 없습니다. 되도록 꼼꼼하고 자세하게 쓰는 것이 좋아요.

우선 용돈 기입장 공책을 다섯 개의 칸으로 나누세요. 맨 위에는 날짜, 내용, 수입, 지출, 잔액이라고 씁니다. 돈이 들어오는 것은 수입, 나가는 것은 지출이라고 해요. 그리고 그 차액을 써 넣는 칸이 잔액입니다.

날짜는 용돈을 받는 날을 기준으로 하든 매달 1일을 기준으로 하든 상관없습니다. 다만 용돈을 받으면 반드시 한 달 동안 '살림'을 어떻게 꾸려 나갈 것인지 예산을 세우세요. 그래야 충동 구매를 하지 않습니다. 참, 저축할 돈을 먼저 생각해야 한다는 거, 안 잊었죠?

지출 항목은 어디에 얼마나 돈을 썼는지도 꼼꼼하게 적으세요. 그리고 물건을 사고 거스름돈을 받으면 그 자리에서 확인하고요. 계산을 잘못 했을 수도 있고, 잔돈을 잘못 받을 수도 있으니까요.

한 달 또는 일 주일 동안 용돈을 쓰고 난 다음에 계획한 대로 지출을 했는지, 용돈이 부족했다면 왜 그랬는지, 필요하지 않은 물건을 사거나 군것질을 많이 하지는 않았는지 체크하는 것도 잊지 마세요.

용돈 기입장은 무작정 쓰면 되는 것이 아닙니다. 한 달 동안 자신의 씀씀이를 확인하고 올바른 소비 습관을 들이기 위해서입니다.

참! 용돈 기입장은 일기와 같은 거예요. 매일매일 써야 합니다. 하루하루 미루다가는 어디다가 돈을 썼는지 기억이 나지 않아 흐지부지해질 수 있어요.

15

잔돈 모아 큰돈

석유왕이라고 불리는 세계 최고의 부자 '록펠러'는 늘 같은 식당에서 식사를 했습니다. 식사를 마치면 종업원에게 늘 팁을 15센트 주었어요.

종업원은 팁이 적다며 불평을 했습니다. 록펠러가 팁을 주고 가면 고마워하기보다는 뒤에서 투덜거렸습니다.

'쳇, 다른 사람도 아니고 엄청난 부자라면서 팁이 15센트가 뭐야. 재산이 평생 펑펑 써도 남을 정도인 거 같은데…'

그러던 어느 날, 식사를 마친 록펠러는 잔돈이 없어서 종업원에게 팁으로 5센트만 건넸어요. 그러자 종업원이 참지 못하고 짜증을 냈습니다.

"록펠러 씨, 당신 같은 부자가 겨우 10센트를 아까워하십니까? 나 같으면 그렇게 쩨쩨하게 안 살 겁니다."

그러자 록펠러가 대답했지요.

"나 같은 부자도 10센트를 아끼는데, 당신은 왜 10센트를 가볍게 생각하는가?"

티끌 모아 태산이라는 말, 아시죠?

세계적인 부자로 손꼽히는 록펠러도 잔돈을 우습게 보지 않았어요. 오히려 '짠돌이'라는 소리를 들었답니다.

한번은 병원 진료비가 너무 많이 나와서 항목을 하나하나 따져 보았어요. 그리고 병원에 여러 번 전화를 해서 3천 달러의 진료비를 500달러로 깎은 적도 있어요. 록펠러는 적은 돈이라도 헛되이 쓰지 않았고 우습게 보지 않았습니다.

부자들은 큰돈만 소중하게 여기지 않아요. 푼돈이라도 귀하게 알고 아꼈기 때문에 부자 소리를 듣는 것입니다. 한번에 큰돈을 버는 사람은 흔하지 않아요. 쉬운 방법도 아니고요. 큰돈, 한방만 좇는 허영꾼에게는 10원 짜리가 돈으로 안 보일지 모르지만, 부자에게는 10원이 아니라 1원도 귀한 돈입니다.

부자가 되고 싶다면 잔돈도 우습게 보지 마세요. 잔돈이 모이면 큰돈이 되고, 잔돈을 아낄 줄 알아야 큰돈을 모을 수 있습니다. 동전 한 닢이 적은 돈일지 모르지만 모이면 만 원도 되고 십만 원도 됩니다.

혹시 집에 굴러다니는 동전이 있다면 저금통을 만드세요. 굳이 살 필요 없이 PET병에 동전이 들어갈 만한 구멍을 뚫어서 저금하면 됩니다. 그렇게 모인 동전은 은행에 가면 지폐로 바꿀 수 있어요.

요즘은 은행마다 동전을 바꿔 주는 날이 따로 정해져 있습니다. 또 은행에 통장이 있어야 동전을 바꿀 수 있기도 해요. 그러니까 은행에 가기 전에 확인하도록 하세요.

16

경제짱들이 모이는 벼룩시장에 가 보자

옛날에는 헤진 양말이나 옷을 기워입는 일이 흔했습니다. 형제의 옷은 물론 남의 옷을 물려입는 경우도 많았답니다.

이런 이야기를 하면 '지금 옛날 이야기를 해 봤자 무슨 소용이 있나.' 또는 '소비가 잘 되어야 생산도 잘 되어 경기가 활기를 띤다'고 할지도 모르겠네요.

틀린 말은 아니지만, 물건을 아끼는 기본 마음은 흔들리면 안 됩니다. 잘 산다는 선진국에서도 멀쩡한 물건을 내다 버리는 일은 흔치 않으니까요. 외국의 경우 가정집에서도 벼룩시장이 열리곤 해요. 창고나 옷장 정리를 하고 나서 필요 없는 물건을 뜰에 펼쳐 놓고 시장을 열지요. 누구네 집에서 벼룩시장이 열린다고 하면 아침부터 동네 사람들이 모두 몰려든답니다.

물건들이 금방 동이 나기 때문에 좋은 물건을 사려면 일찍 서둘러야 할 정도예요. 남이 쓰던 물건이라고 찜찜해하거나 구질구질하게 생각하는 사람은 없어요. 오히려 좋은 물건을 싼 가격에 샀다고 좋아합니다.

우리나라에도 쓰지 않는 헌 물건을 모아서 파는 가게가 있어요. 자신에게 필요 없는 물건이라도 필요한 이웃을 위해 내놓으며 나눔을 실천하는 곳이지요. 대부분 물건을 기증받고 싼값에 팔아서 이익금을 불우 이

옷을 위해 사용합니다. 기증하는 사람은 쓸데없이 자리만 차지하는 물건을 처리해서 좋고, 사는 사람은 싼값에 좋은 물건을 살 수 있어서 점점 인기가 높아지고 있습니다.

또 일요일이면 벼룩시장이 열리기도 해요. 어린이부터 어른까지 물건을 들고 와서 교환을 하기도 하고 저렴한 가격에 물건을 사고팔 수 있습니다.

돈이 없기 때문에 남이 쓰던 물건을 사는 것이 아닙니다. 물건을 아낄 줄 아는 습관을 들였기 때문에 돈을 모을 수 있는 것입니다. 뿐만 아니라 **쓸 만한 물건을 함부로 버리지 않는 것은 자원 낭비도 막을 수 있고 환경도 지킬 수 있어** 여러 가지로 경제에 도움이 된답니다.

17 쿠폰왕이 되자

요즘은 중국집이나 피자집에 음식을 배달시키면 스티커를 나누어 줍니다. 몇 개 모으면 '공짜!' 하면서 말이에요. 스티커를 다 모아서 공짜로 음식을 먹을 때는 기분도 좋고 더 맛있는 것 같기도 합니다.

또 회원 카드를 만들면 물건 산 가격의 일정한 %의 금액을 적립해 현금처럼 사용할 수 있는 곳도 있어요. 대형 서점이나 음식점 같은 곳 말이에요. 아, 휴대폰마다 있는 회원 카드도 잘 이용하면 물건을 싸게 사거나 적립금을 쌓아 나중에 요긴하게 쓸 수 있죠.

그리고 쿠폰으로도 물건을 싸게 살 수 있습니다. 광고지나 잡지, 신문에 난 쿠폰을 오려서 모아 두었다가 사용하면 가격을 할인받을 수 있어요.

위와 같은 **적립금과 쿠폰을 잘 이용하면 물건을 할인된 가격에 구입하는 것은 기본**이고, 공짜로 밥 먹고 차 마시고 책 사고 옷도 살 수 있습니다.

적립금과 쿠폰을 모으려면 한 집으로 모는 것이 좋아요. 단골집 말이에요. 자장면을 이집 저집에서 시켜먹기보다는 맛있는 집을 골라 집중적으로 시켜먹으면 스티커를 빨리 모을 수 있습니다. 적립금도 친구들이나 가족과 함께 모아 사용하는 것이 이익이에요.

엥? 그걸 어떻게 다 챙기냐고요? 귀찮고 구질구질하다고요? 빌 게이츠도 쿠폰왕이라는 거, 알아요?

어느 날 빌 게이츠가 아이스크림을 사 먹으려고 가게에 들어갔습니다. 줄을 서고 있다가 자신의 차례가 되자 빌 게이츠는 갑자기 주머니를 뒤적거렸어요. 뒤에서 사람이 기다리고 있는데도 말이죠. 기다리다못한 손님이 물었습니다.

"거, 뭘 찾는데 그렇게 꿈지럭거립니까?"

"아, 그게 집에서 분명히 10센트짜리 쿠폰을 챙겨 왔는데 어디에다 흘렸는지 없어졌네요."

그 말을 들은 손님은 입을 쩍 벌렸습니다.

빌 게이츠가 누군지는 다 알죠? 컴퓨터 황제이자 최고의 경영자이며 세계 최고의 부자입니다. 그런 사람이 겨우 10센트짜리 쿠폰을 오려 가지고 다닌다니 기가 막힐 수밖에요.

경제짱이 되기 위해서는 부지런하고 꼼꼼해야 합니다. 쿠폰과 적립금을 챙기는 것은 구질구질하고 귀찮은 일이 아니라 저금과 같은 거예요.

18 브랜드보다 질을 따지자

　얼마 전 텔레비전에서 명품 지우개와 연필이 화제가 된 적이 있어요. 외국 유명 브랜드 지우개 하나가 십만 원이 넘고 소가죽을 입힌 연필이 한 자루에 만 원이라고 말이죠.

　그렇다고 특별히 잘 지워지거나 잘 써지는 것도 아니에요. 다른 학용품처럼 닳고 깎이어 없어지는 학용품이지만 '명품'이라는 이름값 때문에 비싼 것입니다. 소위 명품은, 물론 품질이 뛰어난 것도 있지만, 이름값, 즉 브랜드 값이 가격의 대부분을 차지합니다.

　어른들뿐만 아니라 어린이들도 학용품은 물론이고 옷이며 신발, 가방, 액세서리 등을 살 때 질을 따지기보다는 어느 회사의 제품인지를 우선으로 여긴다고 합니다. 언뜻 보기에는 질도 안 좋고 디자인도 별로라고 생각했던 물건이 '명품'이라는 말에 생각이 180도 바뀌어 최상품이 된다는 거예요. 명품을 들어야 폼이 나고 인기가 올라가며 자존심을 살릴 수 있다고 말이죠. 그래서 용돈을 모으거나 심하면 나쁜 짓을 해가면서도 명품을 사려고 합니다.

　그 물건이 얼마나 쓸모있고 필요한지는 제쳐두고, 명품이라서 무조건 최고라고 생각하는 것은 바른 소비 습관이 아니에요. 이름값에 돈을 지불하지 말고 질이 좋은 물건을 사는 데 돈을 지불하세요. 품질이 좋고 적당한 가격에 자신에게 어울린다면 그게 명품입니다.

아무리 머리에서 발끝까지 명품으로 치장을 했더라도 머리나 가슴이 빈 사람이라면 매력 없습니다. 정말 멋쟁이는 겉모습이 화려한 사람이 아니라 속이 알찬 사람입니다.

명품으로 치장을 하면 자기 자신도 명품이 된다는 착각은 버리세요.

19

물건 살 때 세 번 생각하기

같은 돈으로 더 좋은 물건을 더 많이 살 수는 없을까요?

엄마와 함께 시장에 가 본 적이 있을 거예요. 그때 가만히 살펴보세요. 엄마가 어떤 물건을 고르는지 말이에요. 감자 한 알을 사더라도, 옷 한 벌을 사더라도 요리조리 살펴보고 꼼꼼하게 따져 보죠. 그리고 물건을 들었다 놨다, 가게를 왔다 갔다 하기도 할 거예요.

같이 다니다 보면 힘들어서 짜증이 나기도 하지만, 엄마가 그러는 데는 다 이유가 있습니다. **같은 가격이라도 좋은 물건인지, 정말 필요한 물건인지 여러 번 생각하는 것입니다. 덜컥 사 놓고 후회하지 않기 위해서예요.**

마음에 든다고 잘 살펴보지도 않고 샀다가는 후회하기 쉬워요. 여러분도 물건을 살 때는 세 번 생각해 보세요. 정말 필요한 물건인지, 튼튼한지 그리고 가격이 적당한지 말이죠.

물건을 살 때 우리가 실수하기 쉬운 것이 충동구매예요. 필요 이상으로 많은 물건을 사거나 자기 분수에 맞지 않는 비싼 물건을 사는 것 말이에요.

　유행이라서, 예뻐서 그런 식으로 물건을 사다 보면 금방 용돈이 바닥날 거예요. 나에게 필요한 물건도 아닌데 괜히 사고 보자는 생각으로 돈을 쓰다가는 나중에 크게 후회하게 될 겁니다.

　물건을 구입할 때는 '갖고 싶은 것'을 고르지 말고 '필요한 것'을 고르는 습관을 들이세요. 갖고 싶은 것이 필요한 것이라고 생각해 덜컥 사 버리는 경우가 있는데, 그러면 나중에 분명히 후회할 것입니다.

　경제짱의 기본은 물건을 살 때 필요한 물건과 갖고 싶은 물건을 잘 구분한다는 거예요. 그리고 먼저 사야 하는 것이 무엇인지도 생각하고요. 그러면 갖고 싶다는 마음에 일단 사고 보는 일은 없어질 것입니다.

　어렸을 때부터 바른 소비 습관을 들이지 않으면 나중에 고치기 힘들어요. 다시 강조하지만 갖고 싶은 물건이 아니라 필요한 물건을 적당한 가격에 사는 습관을 들여야 합니다.

20 용돈 안에서 해결하자

꽤 많은 친구들이 학교 앞 문방구에 외상값이 있다고 해요.
외상의 끝이 어디인지 한번 볼래요?

몇 년 전만 해도 금융기관은 물론 길거리에서도 신용카드를 만들 수 있었습니다. 나이, 직업 등에 상관없이 바로 카드가 발급되었죠. 한 사람에 하나도 좋고 열 개도 좋고, 심지어 스무 개 가까이 되는 카드를 가진 사람도 있었어요.

신용카드의 편한 점은 돈을 가지고 다닐 필요가 없고, 먼저 물건을 사고 나중에 물건값을 갚는다는 거죠. 또 현금이 필요하면 약간의 이자만 물면 바로 손에 돈을 쥘 수 있다는 거예요. 그렇지만 돈이 공짜로 생긴 것이 아니라 '신용'을 담보로 외상을 진 거죠.

그런데 **자기가 버는 것보다 많은 물건을 사다 보니 외상 정도의 작은 금액이 쌓이고 쌓여 빚이라는 큰짐이 되었습니다.** 지금은 카드값을 갚지 못해 신용불량자가 된 사람, 가족과 떨어져 거리를 방황하는 사람, 심지어 견디다 못해 자살하는 사람까지 있습니다.

난 내가 가진 만큼만 쓸거야!

역시 최고!

너무 부풀려서 생각하는 게 아닐까 하겠지만, 그렇지 않습니다. 앞에서도 누누이 말했지만 돈을 쓰는 것은 습관이에요. 어려서부터 돈을 제대로 사용할 줄 모르면 여러분의 앞날도 위의 어른과 다르지 않습니다.

용돈이 떨어졌을 때, 다른 사람에게 돈을 빌리는 친구들도 있는데 역시 좋은 습관은 아닙니다. 돈은 빌리기는 쉽지만 갚기는 어려워요. 이번 달에 적자가 나서 친구에게 돈을 꾸고 다음 달에 갚는다고 해요. 이번 달에 적자인 용돈이 다음 달에 늘어날 리가 있겠어요? 오히려 더 쪼들리고 힘들어질 것입니다. 그러다 보면 빌린 친구의 돈을 갚기가 점점 더 힘들어지고 괜히 우정에도 금이 갈 수 있어요.

돈은 정말 자신이 가진 만큼, 더도 말고 덜도 말고 그만큼만 써야 하는 것입니다. 섣불리 고무줄처럼 늘렸다 줄였다 하지 마세요.

21
쓸 때는 쓴다, 구두쇠와 절약가의 차이

옛날에 부자 영감이 있었습니다. 혼자 살면서 오직 돈밖에 몰랐어요. 어려운 사람을 도와주지도 않고 오직 자기 것만 챙기며 인정이라고는 눈곱만큼도 없었습니다. 또 의심이 많아서 많은 돈을 어디에 숨겨야 좋을지 매일 노심초사였습니다. 그러던 어느 날, 좋은 생각이 떠올랐어요.

"아, 맞다! 땅에 묻는 거야. 그러면 아무도 모르겠지."

영감은 돈을 항아리에 담아 땅에 묻었습니다.

몇 년이 지난 후 영감은 돈을 묻었던 곳을 다시 파 보았습니다. 그런데 이게 어찌된 일인지 돈이 모두 돌멩이로 변해 있었어요.

"으악, 이게 어떻게 된 거야! 내 돈!"

그러자 지나가던 동네 사람이 그랬어요.

"어차피 쓰지도 않고 땅 속에 묻어 둘 거라면 돈인들 어떻고 돌멩이인들 어떻소?"

여러분은 구두쇠, 자린고비와 절약가의 차이점을 아시나요? 모두 돈을 아끼는 사람이라는 점은 같지만, 돈을 어떻게 쓰느냐에 따라 다릅니다. **무조건 돈을 안 쓰고 쌓아두는 것만이 최고가 아닙니다.**

어느 날 자선 사업가가 후원금 때문에 자동차의 왕 '헨리 포드'를 찾아왔어요. 으리으리한 회사를 보고 자선 사업가는 두 눈이 휘둥그래졌죠.

'우와, 이 정도라면 후원금을 두둑하게 받아낼 수 있겠군.'

자선 사업가는 잔뜩 기대를 하며 비서의 안내를 받아 헨리 포드의 방에 들어갔습니다.

그런데 헨리 포드는 책상에 양초 두 개를 켜 놓고 책을 읽고 있었어요. 자선 사업가가 들어서자 헨리 포드는 양초 하나를 껐어요. 그리고 이렇게 말했죠.

"책을 읽을 때는 양초 두 개를 켜야 하지만, 당신과 이야기할 때는 하나만 켜도 충분합니다. 자, 앉으세요."

자선 사업가는 의자에 앉으면 속으로 중얼거렸습니다.

'큰돈을 받나 했더니, 이런 구두쇠일 줄이야. 완전히 글렀군.'

자선 사업가는 별 기대도 하지 않고 자신이 찾아온 이유를 말했습니다. 그러자 헨리 포드는 환하게 웃으며 말했어요.

"좋습니다. 좋은 일에 쓰신다고 하니 후원금을 충분히 드리죠."

앞에서 저축하고 돈을 아껴 쓸 수 있는 습관에 대해 설명했는데, 그와 똑같이 돈을 어떻게 쓰느냐도 중요해요. **돈은 어떻게 쓰느냐에 따라 돈의 가치도 달라지고, 다른 사람들에게 존경을 받기도 하고 비웃음을 사기도 한답니다.**

22 배보다 배꼽이 크지 않기

몇 년 전에 빵에 인기 캐릭터 스티커를 끼워 판 적이 있었어요. 그 스티커가 아이들에게 인기가 좋아 빵은 불티나게 팔려나갔죠.

그런데 나중에는 아이들이 빵을 먹기 위해서가 아니라 스티커 때문에 빵을 사게 되었어요. 빵은 버리고 스티커만 챙겨 문제가 된 적이 있었습니다.

제품에 끼워 파는 물건을 사은품이라고 해요. 이 사은품 때문에 자칫 배보다 배꼽이 더 커져 버려 잘못된 소비 습관이 들 수도 있습니다.

아마 엄마와 함께 쇼핑을 하면서 이런 경험을 한 적이 있을 거예요.

"어머, 얼마 이상을 사면 사은품을 준다는데 몇 천 원이 모자라네. 뭘 더 사야 하나?"

사은품을 받기 위해 가격을 맞추느라 필요도 없는 물건을 사게 되는 일은 어른들도 빠지기 쉬운 함정입니다.

하지만 사은품을 만만하게 봐서는 안 돼요. 물론 잘만 이용하면 덤으로 얻기 때문에 이익이 될 수 있지만, 사은품의 가격은 이미 물건값에다 포함된 것이라고 합니다. 그 작은 사은품을 챙기려고 필요도 없는 물건을 사다 보면 배보다 배꼽이 커지기 마련이에요. 어떨 때는 차라리 돈을 주고 사은품을 사는 것이 더 쌀 수도 있습니다.

　물건을 파는 사람들은 어떻게 하면 더 많은 물건을 이익을 보며 팔 수 있을지 고민하는 사람들입니다. 그런 사람들이 무조건 공짜로 사은품을 줄 리는 없을 거예요. 겉으로는 그렇게 보여도 알고 보면 공짜는 없는 법이죠. 그 상술에 넘어간다면 경제짱이 되기 힘듭니다. 또 후회스런 소비를 하고 말 거예요.

23

남모르게 새는 돈 막기

혹시 여러분 집에서 돈이 새어나가고 있지는 않나요? 철저히 단속한다고는 해도 쥐도 새도 모르게 **새어나가는 돈이 없는지 다시 한 번 체크해 보세요.**

대부분 전기 아끼는 방법을 알 거예요.

전등은 필요할 때만 켜고 화장실처럼 자주 껐다 켰다 하는 곳에는 백열등을, 방이나 거실처럼 오래 켜 두어야 하는 곳에는 형광등을 다는 것이 전기 손실이 더 적지요.

또 **냉장고**를 자주 여닫으면 전기 소모가 많고 **선풍기**도 미풍보다 강풍이 전기를 더 많이 먹습니다. 그 외에도 가전 제품을 살 때 에너지 절약 마크가 붙은 제품을 사면 전기료를 아낄 수 있습니다.

가전 제품은 사용하지 않을 때는 스위치를 끄는 것은 물론 코드까지 뽑아 두세요. 코드를 꽂아두면 사용하지 않아도 전기가 새어나가거든요. 또 전기는 시간에 따라 가격이 다르답니다. 평일보다는 주말이, 낮보다는 저녁 때가 전기료가 쌉니다. 만약 충전을 해야 할 일이 있다면 낮보다는 밤에 하는 것이 좋아요.

이번에는 물로 넘어갑니다.

우리나라가 '물 부족 국가'라는 것은 이미 알고 있을 거예요. 이대로 물을 펑펑 썼다가는 여러분이 어른이 되었을 때 물값이 금값이 될지도 몰라요.

자, 쓸데없이 새어나가는 물을 한번 막아 보자구요. **화장실** 변기 물탱크에 벽돌이나 PET병에 물을 넣어 담그면 물을 절약할 수 있습니다. 양치질할 때나 세수할 때 수도꼭지를 틀어 놓지 말고 받아서 하면 물을 훨씬 절약할 수 있죠. 빨래는 모아서 하면 **세탁기**를 돌릴 때 전기와 물을 다 아낄 수 있어요. 세탁기의 마지막 헹굼 물은 받아서 걸레를 빨아도 괜찮구요. **설거지**를 할 때는 기름기 있는 것과 없는 것을 구분해야 하고, 기름이 묻은 그릇은 휴지로 한 번 닦은 다음에 씻어야 세제도 물도 아낄 수 있습니다. **수도꼭지**를 꽉 잠그는 것은 기본입니다. 한 방울 한 방울 떨어지는 물을 무시하지 마세요. 모이면 엄청난 양이 됩니다. 방울방울 새어나가는 물도 막으세요.

24 내가 만드는 가보

　우리나라의 핸드폰은 세계에서 손꼽힐 만큼 뛰어나다고 합니다. 전 세계 어디를 가든 우리나라 핸드폰은 거의 '명품' 대접을 받는다고 해요.

　그런데 핸드폰의 천국이라는 이름 때문일까요? 우리나라 사람들이 핸드폰을 사용하는 기간은 그리 길지 않습니다. 쓸 만한데도 싫증이 나서, 또는 유행이 지나서 새 것을 장만하는 사람들이 많습니다. 좋은 소비 습관이 아니지요. 게다가 버려진 핸드폰은 처리하는 일도 골칫거리라 환경 문제가 심각합니다.

　옛날에는 어머니나 시어머니가 쓰던 물건을 딸이나 며느리에게 대대로 물려 주었어요. 쌀을 담는 뒤주나 문갑 같은 거 말이에요. 그래서 집안에 100년 이상 된 가구들이 많았습니다.

　하지만 요즘은 무조건 새 것만 좋아하고 금방 싫증을 내거나 유행에 뒤떨어진다고 해서 금방금방 바꾸는 사람들이 많습니다. 돈도 돈대로 버리고 쓰레기는 쓰레기대로 생기니 문제가 아닐 수 없어요.

　오래된 물건은 구질구질하다든지 촌스럽다든지 더럽다는 생각은 옳지 않습니다. 우리나라보다 잘 사는 나라에서는 오히려 오래된 물건을 자랑스럽게 여겨요. 부모님이 쓰던 책상을 물려 쓰는 학생도 있고, 할머

니 할아버지가 쓰던 가구를 자랑스럽게 거실에 장식하는 집도 흔히 볼 수 있습니다.

가난해서 물건을 아껴 쓰는 것이 아닙니다. 물건을 아껴 써야 부자가 될 수 있습니다. 그리고 자신의 물건을 소중히 생각하고 아끼는 것 역시 습관입니다.

잃어 버리고 찾을 생각도 하지 않고, 그 전에 잃어 버리지 않도록 물건에 이름도 써 놓지 않고, 없어지면 또 사지, 하는 생각도 이제 버리세요. 물건 하나 하나에 좋은 기억을 심어 놓고 오랫동안 좋은 친구로 지내도록 하세요. 연필 한 자루, 지우개 하나라도 소중한 것을 알아야 어른이 되어서 더 큰 것도 아낄 수 있는 것입니다.

25_ 하나쯤 나만의 특기를 만들자
26_ 무표정의 조각상보다는 웃는 돼지가 낫다
27_ 하루에 한 번은 친구를 칭찬하자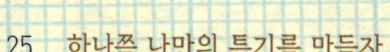
28_ 입장을 바꾸어 생각해 보자
29_ 자신있게 말하자
30_ 세 번 듣고 한 번 말하기
31_ 알맹이 없는 나서기는 가라!
32_ 유머를 즐기자
33_ 화해는 먼저 한다
34_ 말 한 마디로 얻는 것과 잃는 것
35_ 다른 반, 다른 학교 친구도 사귀자
36_ 벼는 익을수록 고개를 숙이는 법

03

인기짱 되는 습관

25 하나쯤 나만의 특기를 만들자

인기있는 아이들을 보면 뭔가 하나는 똑 부러지게 잘합니다. 특히 장기 자랑을 할 때 앞에 나서서 무대를 휘어잡을 때는 정말 인기 최고죠. 아마 그런 친구들을 보면서 속으로 이렇게 생각했을 거예요.

'휴, 좋겠다. 저렇게 잘하니 인기가 많지.'

그런데 그 친구들도 태어날 때부터 그런 장기나 특기를 가지고 태어나는 것은 아니에요. 나름대로 열심히 노력한 결과입니다. 무작정 아무런 노력도 안 하고 아이들의 인기를 한몸에 받기를 원하는 건 터무니없는 생각이에요. 은행에 저축한 돈을 찾을 때 자신이 저축한 돈 이상을 찾으려 한다면 그건 도둑이에요.

인기도 마찬가지입니다. **친구들을 깜짝 놀라게 하고 시선을 한몸에 받기를 원한다면 자신만의 특기를 한 가지쯤 익혀 두세요.**

평소에 춤이든 노래든, 악기 연주나 마술 또는 인라인스케이트 같은 운동이든 자신에게 맞는 것 하나쯤 취미로 익혀 두세요. 적어도 춤 하면 누구, 노래 하면 누구 그 정도가 될 때까지 말이에요. 짧은 시간에 멋진 실력을 발휘하기는 힘들 거예요. 그러니까 취미로 삼고 꾸준히 갈고 닦으면 언젠가는 '고수'의 자리에 오를 수 있을 것입니다.

그렇게 준비하고 있다가 멍석이 깔리면 언제든 짠~하고 나타나는 겁니다. 이 때 짠~하고 나타나는 것이 중요해요. 용기가 필요하단 말이에요. 아무리 좋은 재주를 가지고 있더라도 "난 못해." 하고 뒤로 빠지면 인기짱 대열에 낄 수 없어요.

'한두 번 빼다가 나가야지.' 하고 마음먹다가는 자기 차례가 오지 않을 수도 있어요. 오히려 내숭쟁이로 몰려서 점수가 깎일 수도 있습니다. '내숭쟁이' 보다는 차라리 '오버쟁이'가 더 인기를 끌 수 있습니다.

나만의 특기를 만들기 위해서 좋은 취미를 가져 보세요. 취미라는 게 스트레스를 풀거나 기분 전환을 하기 위해서도 좋지만, 잘만 이용하면 남들의 시선을 한몸에 받을 수도 있답니다. **나만의 독무대를 만들 수 있는 특기 하나만 익혀 둔다면 인기는 자연히 따라오게 되어 있습니다.**

26 무표정의 조각상보다는 웃는 돼지가 낫다

　미국 캘리포니아 대학에서 사람이 행복해질 수 있는 방법 가운데 하나가 '웃음'이라는 연구 결과를 발표했습니다. 뿐만 아니라 **미소는 부메랑처럼 자기에게 돌아오기 때문에 남에게 미소를 보이면 보일수록 웃을 일이 많아진다고 해요.**

　중국에서도 '웃는 얼굴이 아니면 장사를 하지 말라'는 말이 있습니다. 늘 미소를 띠우고 장사를 하는 사람은 그렇지 못한 사람보다 물건을 훨씬 많이 판다고 합니다. 아무래도 웃는 얼굴로 있으면 손님이 더 많이 찾기 때문이죠. 옛말에 얼굴 표정에 따라 사람의 운명이 달라진다고 했어요. 늘 찡그리고 다니는 사람은 생활도 항상 짜증스럽고, 반대로 싱글벙글 웃는 사람은 사는 것도 재미나고 즐겁다고 합니다. 그러므로 딱딱하고 날카로운 인상보다는 부드럽고 밝은 얼굴이 더 좋겠죠. 환하게 미소지은 얼굴 말이에요.

얼굴 표정은 마음에서 나옵니다. 마음이 불편하면 얼굴 표정도 어둡고 아무리 웃으려고 해도 어색해요. **늘 예쁜 웃음을 지으려면 평상시에 긍정적으로 생각하고 늘 밝은 생각을 하는 습관이 필요해요. 그러면 자신도 모르게 마인드 컨트롤이 되어 얼굴도 환해진답니다.**

많이 웃는 사람은 인상도 예쁘고 멋있게 보여요. 우리가 미남, 미녀라고 부르는 사람은 눈, 코, 입 하나하나가 잘생겼다기보다는 전체적인 인상이 좋은 경우가 많습니다.

'얼짱'이라고 하는 사람들 역시 방글방글 잘 웃고요. 잘 웃기 때문에 보는 사람도 즐겁고 더 예뻐 보이는 거예요. 무표정한 얼굴로 아무리 폼 잡아 봤자 어색합니다. 차라리 씨익 웃는 편이 더 호감이 가죠.

혼자 속으로 가지고 있어 봤자 아무 소용 없는 미소, 이젠 친구들이나 다른 사람들에게 나누어 주세요. 늘 웃는 습관을 가진다면 여러분을 보는 사람들의 눈도 달라질 것입니다. 그리고 다른 사람들도 여러분을 대할 때 미소로 대하게 될 거예요.

행복하기 때문에 웃는 것이 아니에요. 웃기 때문에 행복한 것입니다.

27 하루에 한 번은 친구를 칭찬하자

    소설 '좁은 문'을 쓴 작가 '앙드레 지드'는 어렸을 때 학교 가는 것을 아주 싫어했습니다. 그래서 자주 꾀병을 부려 학교에 결석했어요. 3주 동안 한 번도 학교에 안 간 경우도 있었어요.

    그러던 어느 날, 학교 수업 시간이었습니다. 선생님은 앙드레 지드에게 시 한 편을 주면서 읽어 보라고 했어요. 앙드레 지드는 별 생각 없이 선생님이 시킨 대로 시를 읽었어요. 그러자 선생님이 말씀하셨습니다.

    "우와, 너는 문학적 감성이 풍부하구나. 시를 이렇게 잘 읽다니, 분명 시도 잘 쓸 거야. 그렇지?"

    그 말을 들은 앙드레 지드는 귀가 솔깃했습니다. 별것도 아닌 일에 선생님이 칭찬을 해 주니 기분도 좋았어요. 선생님 말을 들으니 정말 자신이 시를 잘 쓰고 문학에 소질이 있는 것 같은 느낌이 들었습니다.

    그 날 이후, 앙드레 지드는 문학 공부를 열심히 했습니다. 그리고 결국에는 세계적인 소설가가 되었지요.

    이렇듯 칭찬에는 아주 무서운 힘이 있습니다. 별로 특별할 것도 없는데 사람의 인생을 바꿔 놓기도 하니까요.

    여러분은 하루에 얼마나 많이 칭찬을 하나요? 이제부터 적어도 하루에 한 번은 칭찬을 해 보세요. 그러면 "어라? 얘가 나한테 이렇게 관심이 있었나?" 하고 여러분을 보는 친구들의 눈이 달라질 거예요.

그리고 자연히 친구가 여러분에게 관심을 가지게 되고 똑같이 좋은 점을 찾으려 하겠지요. 이렇게 친구의 장점을 찾아 칭찬을 해 주면 서로 우정을 쌓아갈 수 있습니다.

가족끼리도 칭찬을 아끼지 마세요. 가족끼리 뭐 그런 걸, 하고 생각할지 모르지만 가까운 사이일수록 칭찬은 더욱 큰 힘이 된답니다. 가족 사이에 정도 더욱 돈독해질 거예요.

칭찬은 메아리 같은 것입니다. 내가 다른 사람을 칭찬하면 그 사람도 여러분의 좋은 점을 찾으려 애쓸 거예요. 하지만 남의 단점만을 들추다 보면 "자기는 얼마나 잘나서?" 하고 빈정거림을 받겠죠.

하루에 한 번 다른 사람을 칭찬해 주세요. 이 세상에 칭찬할 구석이 하나도 없는 사람은 없습니다. 작은 일이라도 칭찬을 하면 더 많은 친구들에게 더 많은 인기를 얻을 수 있습니다.

28
입장 바꿔 생각해 보자

한 농부가 송아지를 끌고 집으로 가려 했습니다. 그런데 어찌 된 일인지 송아지는 네 다리로 버티고 서서 그 자리에서 꿈쩍도 하지 않았어요.

"아니, 이 녀석이 왜 이러지? 다른 때는 말을 잘 듣더니 오늘따라 말썽을 피우네."

농부는 얼굴을 찡그리며 고삐를 힘껏 잡아당겼습니다. 하지만 송아지는 조금도 움직이지 않았습니다.

"어이구 힘들다. 몰라 이젠, 나도 몰라!"

한참을 송아지와 씨름하던 농부는 결국 그 자리에 털썩 주저앉았습니다. 그 때 농부를 찾아 나선 아내가 농부를 발견하고 다가왔습니다.

"아니, 집에는 안 오고 거기서 뭐하는 거예요?"

"이놈의 송아지가 어디가 뒤틀렸는지 꼼짝 안 하네. 당신이 좀 밀어 봐. 내가 잡아당길 테니."

농부가 말하자 아내는 고개를 저었습니다.

"힘으로 해서 될 일이 아닌 거 같아요."

아내가 송아지를 잘 살펴보더니, 자기 손가락을 송아지 입에 넣어 빨게 했습니다. 그리고 살짝 움직이자 송아지가 따라왔어요.

그렇게 집으로 돌아온 농부가 물었습니다.

"어떻게 한 거야? 내가 그렇게 잡아당겨도 움직이지 않았는데."
아내는 아무 것도 아니라는 듯이 말했습니다.
"우유 먹을 시간이 지났잖아요. 배는 고픈데 당신이 자꾸 가자고 잡아당기니까 화가 났나 보네요. 잠깐 송아지 입장이 되어 생각하면 될 걸 왜 쓸데없이 힘을 빼요?"

간혹 자기 생각만 하는 친구들이 있어요. 상대방 생각은 전혀 하지 않고 나만 좋으면 된다는 식으로 말이에요. 그러다가 자기와 생각이 다르면 화를 내거나 틀어지기도 하죠. 아니면 "네가 잘못한 거야." 하고 몰아붙이기도 하고요. 친구와 의견 충돌이 있거나 사이가 멀어지면 한 번쯤 친구와 자신의 입장을 바꾸어 생각해 보세요. 왜 그런 것인지 한결 친구의 마음을 이해하게 될 겁니다. 내가 좋고 내가 편한 대로만 생각하고 행동하는 것은 어린애와 같아요. 그런 응석받이를 누가 좋아하겠어요?

친구 사이라도 상대방 입장을 이해하는 넓은 마음을 가지세요.

29 자신있게 말하자

　어느 대학 강의실에서 교수가 학생에게 발표를 시켰습니다.
　그런데 학생이 앞에 서서 한 첫마디가 "준비한 것은 별로 없지만"이었어요. 그 말이 끝나기도 전에 교수는 학생에게 당장 자리로 들어가라고 했습니다. 그리고 이렇게 호통을 쳤어요.
　"준비도 하지 않고 어떻게 발표를 한단 말인가? 자네의 부족한 준비를 들어 줄 만큼 여기 한가한 사람은 없네."
　우리가 말을 할 때 약간 겸손의 뜻으로 '부족하지만' 또는 '잘은 못하지만' 이라는 말을 자주 써요. 그런데 그러면 자신의 생각까지 부족해지고 자신이 없어지고 만답니다.
　말은 자기 자신에게 거는 주문과도 같습니다. 말을 어떻게 하느냐에 따라 성격이 바뀌기도 한답니다. "안 했어?" "안 먹었어?" "하지 마"라고 하면 듣는 사람이나 하는 사람 모두 부정적인 생각을 하게 된다고 해요. 그러니까 "했어?" "먹었어?" "하는 게 어때?"라고 말하는 것이 옳습니다.
　척 하면 삼천 리! 물론 친한 사이는 눈빛만 봐도 서로의 마음을 알 수 있을 거예요. 그래서 대강 말해도 "아, 그거?" 하고 알아들을 수 있죠. 하지만 평소의 말버릇이 그렇다면 곤란해요. 밑도 끝도 없이 "있잖아. 그거, 그거야." 그렇게 하고자 하는 말을 제대로 하지 않고 오히려 상대방이 못

알아듣는다고 짜증을 내는 것은 좋은 말버릇이 아닙니다.

또 말을 할 때는 상대방의 눈을 똑바로 쳐다보며 해야 합니다. 시선을 피하거나 얼굴을 제대로 보지 못하고 말하면 자신없어 보이고 왠지 석연치 않은 느낌을 주기 때문에 상대방이 기분나빠할 수 있어요.

말버릇은 자기 스스로도 잘못된 것을 모르는 경우가 많아요. 한번쯤 자신의 말버릇에 대해 다시 살펴보기 바랍니다.

30

세 번 듣고 한 번 말하기

　말 한 마디로 상대방의 기분을 나쁘게 할 수도, 반대로 좋게 할 수도 있습니다. 그렇기 때문에 말을 할 때는 조심해서 해야 해요. 생각나는 대로 내뱉기보다는 한 박자 쉬고 말을 하면 실수를 줄일 수 있습니다.

　또 상대방의 이야기를 귀담아듣고 적절한 대답을 하는 것도요. 질문 따로 대답 따로 동문서답을 하면 안 되겠죠.

　사람은 입보다 귀가 세 배는 더 커야 한다고 해요. 그만큼 **말을 잘하는 것보다 남의 이야기를 들어 주는 것이 더 중요하답니다.** 물론 이야기를 하다보면 재미없거나 그다지 이야기하고 싶지 않은 주제로 이야기를 해야 할 때가 있어요. 또 내 의견과 달라서 불쑥불쑥 상대편 이야기를 가로막고 싶을 때도 있지요.

　그럴 때는 마음 속으로 한 박자 쉬고 잠시 참고 듣다가 적당한 때 다른 이야기를 꺼내는 것이 좋아요. 무 자르듯이 화제를 돌린다든지 팽 돌아서거나 막무가내로 말을 가로채면 상대방이 기분나빠할 거예요. 또 아무리 상대방이 터무니없는 이야기를 하더라도 가르치듯이, 명령하듯이 말해서도 안 됩니다. 적당한 선에서 "내 생각은" 하고 말하도록 하세요.

조선 시대 때 황희 정승은 너그럽기로 유명했습니다.

하루는 집에서 일하는 하녀들이 서로 싸우는 소리가 들렸어요. 하녀들은 황희 정승에게 저마다 하소연을 했습니다.

"대감님, 쟤가 잘못하고 저에게 뭐라고 합니다."

"허, 그래. 네 말이 옳구나."

그러자 다른 하녀가 나서서 말했습니다.

"아닙니다. 쟤가 잘못하고 저에게 뒤집어씌우는 것입니다."

"듣고 보니 네 말도 맞고."

하녀들 말을 듣고 다 맞다고 하니, 옆에서 보다 못한 조카가 말했습니다.

"아저씨, 왜 누가 잘못했는지 가리시지는 않고 하녀들 말을 그저 듣기만 하십니까?"

그러자 황희는 껄껄 웃으며 말했습니다.

"맞다, 네 말도 맞아."

내가 하는 말을 상대방이 잘 들어 주었으면 하고 바라는 만큼 상대방도 존중해 주세요. 말하는 중간에 상대방을 무시하는 태도를 보이면 여러분과 이야기를 나눌 친구들이 점점 없어질 겁니다.

다른 사람이 세 번 말할 때 한 번 말한다는 생각으로 대화하는 습관을 들인다면 친구들 사이에서 마음이 넓은, 너그럽고 멋진 사람으로 통할 거예요.

31

알맹이 없는 나서기는 가라

　　잘난척쟁이 장사꾼이 배를 타고 멀리 여행을 하게 되었어요. 장사꾼은 배에 오르자마자 사람들에게 잘난 체를 해댔습니다.

　　"나는 여행을 아주 많이 다녀서 나만큼 바다를 잘 아는 사람도 드물거요. 배를 어떻게 다루어야 하는지도 아주 잘 알지. 책을 아주 많이 읽고 실력 좋은 선장들에게 배웠으니까 말이오."

　　사람들은 장사꾼 말을 그대로 믿었어요.

　　그런데 육지를 떠난 지 얼마 후, 선장이 병이 나는 바람에 배를 맡아 줄 사람이 필요했어요. 사람들은 모두 장사꾼에게 배를 맡기기로 했지요. 그런데 장사꾼은 당황해하며 사람들에게 이렇게 해라 저렇게 해라 시키기만 할 뿐이었어요.

　　사실 장사꾼은 배에 대해서 대강만 알 뿐 정확히 어떻게 부려야 하는지 몰랐습니다. 지금까지 사람들 앞에 나서서 잘난 척을 해댔던 거죠. 결국 배는 갈 길을 찾지 못하고 넓은 바다 위를 헤매기만 할 뿐이었습니다.

　　잘난 척하다가 막상 문제가 생기면 허둥대는 사람들 있죠? 위의 이야기의 잘난척쟁이처럼 말이에요. 제대로 알고 나선다면 그다지 문제가 되지 않겠지만, 잘못된 지식이나 행동으로 다른 사람들에게까지 피해를 주게 됩니다.

걸핏하면 앞으로 나서서 이러니 저러니 간섭하고 참견하는 친구들, 잘 알지도 못하면서 괜히 나서서 설치다가는 아이들의 시선을 한눈에 끌기는커녕 오히려 창피만 당할 거예요. 업신여김을 당하고 심하면 따돌림을 당할 수도 있어요. 선무당이 사람잡는다고 어설프게 아는 척을 했다가는 일이 더 커질 수도 있습니다.

완벽하게 모든 것을 알 수는 없습니다. 하지만 적어도 자신이 모르는 것이 있다는 것 정도는 알고 있어야 해요. **순간 튀어 보이려고 어설픈 지식으로 잘난 척을 했다가는 숨어 있는 복병에게 당할 수 있습니다.**

32
유머를 즐기자

'홍선대원군'이 청나라 사신을 맞이할 때의 일입니다. 청나라 사신은 거만을 떨면서 조선을 얕잡아보았습니다. 그래서 사사건건 걸고넘어졌어요. 경복궁을 보고 사신이 홍선대원군에게 물었습니다.

"저 건물을 짓는 데 얼마나 걸렸습니까?"

"한 3년 걸렸습니다."

홍선대원군이 대답하자 사신은 한심하다는 듯이 말했습니다.

"호! 3년씩이나요? 청나라에서는 1년이면 다 지을 텐데."

또 창덕궁을 보고 똑같이 물었습니다.

"저 건물은 짓는 데 얼마나 걸렸습니까?"

홍선대원군은 또 사신이 비아냥거릴 것 같아서 1년이라고 말했습니다. 그러자 사신은 또 혀를 차면서 말했습니다.

"쯧쯧, 청나라에서는 반 년이면 될 것을. 조선은 정말 작고 볼품없는 나라군요."

홍선대원군은 사신의 말도 안 되는 트집을 꾹 참았습니다.

사신은 또 숭례문을 보고 물었습니다.

"저 건물은 얼마나 걸렸소? 1년? 3년?"

그러자 홍선대원군은 고개를 갸웃거리며 말했습니다.

"거 참 이상하군요. 분명 어제 아침에도 없던 것인데 말입니다."

사신은 흥선대원군의 능청에 지금까지의 거만함이 무너지고 말았습니다.

만약 흥선대원군이 울컥해서 화를 냈다면 청나라 사신에게 더 큰 트집을 잡혔을 것입니다. 대신 조금 여유를 가지고 있다가 나중에 유머 한 방으로 멋지게 사신의 코를 납작하게 만들어 버렸지요.

늘 진지하고, 늘 바른 말만 하고, 늘 교과서대로만 말하는 친구가 과연 인기를 끌 수 있을까요? 물론 진지해야 할 때가 있고, 교과서대로 행동하고 말하는 것이 잘못된 것은 아니에요. 다만 다른 친구들이나 자기 자신에게도 웃을 수 있는 여유를 주지 못한다는 거죠.

실제로 영국에서는 정치가들이 가져야 할 덕목 가운데 하나로 꼽히는 것이 '유머'랍니다. 왜냐하면 유머를 즐길 줄 아는 사람이 똑똑하고 여유를 안다고 생각하기 때문이죠. 우리도 선생님이 재미있는 이야기나 유행어를 섞어서 말하실 때 더 재미있고 친근하게 느껴지잖아요. 그러니 유머만큼 인기를 끌 수 있는 좋은 방법도 없을 것입니다.

유머 감각을 키우려면 우선 소재를 찾아야 할 거예요. 텔레비전이나 신문, 잡지 그리고 인터넷 유머 게시판에서 요즘 유행하는 유머를 찾으세요. 유머라는 것은 하루가 다르게 변하는 것이기 때문에 자칫 잘못하면 유행에 뒤떨어진 이야기로 오히려 창피만 당할 수도 있어요. 그 다음에는 이야기하는 방법이에요.

　같은 이야기라도 누가 하면 재미있고 누가 하면 하품만 나오고 하잖아요. 재미있는 이야기를 할 때는 절대 먼저 웃지 않기! 그리고 천연덕스럽게 손짓 발짓을 해가면서 말하는 것이 좋아요. 또 유행어를 섞어 말할 때는 개그맨이나 탤런트의 표정이나 행동을 흉내내는 것도 잊지 마세요.

　또 한 가지, 아이들이 건네는 유머를 유머로 받아칠 수 있어야 해요. 기분나쁘다고 팽 토라지거나 조목조목 따지면 상대편이 무안해질 거예요. 뿐만 아니라 다른 친구들이 여러분에게 말을 걸기가 조심스러워 점점 멀어질 수 있어요. 친구가 건넨 농담을 자연스럽게 받아칠 수 있는 여유를 가지도록 하세요.

　마지막으로 분명 유머는 사람들에게 웃음을 자아내게 합니다. 하지만 적절하지 않은 유머는 분위기를 썰렁하게 만들 수 있어요. 적당한 타이밍이 중요해요. 선생님한테 혼나서 기분이 안 좋은 아이 앞에서 낄낄거린다든지, 한참 심각한 이야기를 하고 있는데 엉뚱한 이야기를 하며 혼자서 킥킥거린다든지 그러면 여러분이 유머의 재료가 될 수 있습니다.

33 화해는 먼저 한다

우정은 잘 지어진 집과 같습니다. 계속 가꾸고 잘 지켜 나간다면 나중에는 처음보다 훨씬 멋진 집이 되어 있을 것입니다.

하지만 작은 오해나 질투 등으로 친구와의 사이가 틀어지면 집 여기 저기에 허점이 보인답니다. 기둥과 기둥이 어그러지고, 지붕에서는 물이 새고, 뜰에는 잡초가 무성해서 금세 흉가가 되죠. 그리고 어느 새 폭삭 무너져서 다시 그 자리에 새로운 집을 짓기가 힘들어집니다.

누구나 한 번쯤은 친구와 싸운 경험이 있을 거예요. 화가 나서 싸울 때는 친구가 밉고 다시는 안 보고 싶다가도 시간이 조금 지나면 어디 그런가요. 자꾸 신경이 쓰이고 후회도 되고, 그 친구 얼굴만 보면 마음이 무거워서 기분도 우울해지죠. 게다가 다른 친구들과 어울릴 때도 꺼림칙할 거예요. 어쩌면 그 친구와 평생 껄끄럽게 지내야 할지도 몰라요.

기둥이 어긋날 때 잠깐 잡아 주면 되는 것을 그대로 내 버려두면 좋은 집이 무너질 수 있습니다. 지붕에서 비가 샐 때 바로 막으면 되는 것을 그냥 두었다가는 금세 집에 물이 차 버릴 수 있어요. 아름다운 집이 볼썽사나운 모습이 되어 마음 한 구석에서 썩어가고 있을지도 모릅니다.

친구와 싸웠다고 진심으로 우정이라는 집을 버릴 생각은 아니죠? 순간은 화가 났지만 하루도 안 되어 후회가 가슴을 칠 것입니다.

친구와 사이가 안 좋아졌다면 용기를 내어 먼저 화해하세요. 시원하게 웃으면서 "미안하다!" 한 마디면 돼요. 비온 뒤 땅이 더 굳어진다고, 싸우고 화해를 하면 우정이 더욱 돈독해져요. 마음도 가벼워지고 친구가 더욱 소중하게 느껴진답니다.

괜한 자존심 때문에 '먼저 사과하거나 화해하기 전에는 절대로 내가 먼저 안 해.'라고 마음먹어 봤자, 소중한 친구만 잃고 고집쟁이 싸움꾼이라는 딱지만 붙을 수 있습니다.

34

말 한 마디로 얻는 것과 잃는 것

옛날 한 푸줏간에 두 선비가 고기를 사러 왔습니다. 먼저 한 선비가 허리에 뒷짐을 쥐고 거만하게 말했습니다.

"얘, 이놈아. 쇠고기 한 근 줘라."

"예, 대감 마님."

푸줏간 주인은 고기를 썰어 주었습니다.

이번에는 뒤에 있던 선비가 말했습니다.

"이보게, 이 서방. 쇠고기 한 근 주겠나."

"예, 대감 마님."

푸줏간 주인은 또 고기 한 근을 썰어 주었어요.

그런데 두 선비가 받은 고기 꾸러미가 분명 차이가 났습니다. 먼저 받은 선비의 것이 나중에 받은 선비 것보다 훨씬 작았어요. 그래서 먼저 선비가 화가 나서 말했습니다.

"예끼, 이놈아. 같은 한 근인데 왜 내 고기가 저 선비 것보다 작냐?"

그러자 주인은 능청스럽게 말했습니다.

"예, 선비 것은 '이놈'이 썬 것이고 나중에 오신 선비 것은 '이 서방'이 썬 것이라서 그렇습니다."

친구들에게 무시당하거나 따돌림당하기를 바라는 사람은 없을 거예요. 그러면 자기 자신이 친구들을 어떻게 대하는지 잘 생각해 보세요.

말은 어떻게 하느냐에 따라 사람의 인상이나 인격까지 다르게 보입니다. 그리고 대접도 달라지죠. 상대방을 존중하면 자신도 존중받을 것이고, 상대방을 무시하면 자신도 무시당합니다.

가끔 생각지도 않은, 또는 마음에도 없는 말이 툭툭 튀어나오기 때문에 곤란할 때가 있어요. 한번 내뱉은 말은 주워담을 수도 없으니 말을 할 때는 더욱 신중하게 해야 합니다.

그리고 이야기를 하다 보면 관심을 끌기 위해 다른 친구의 약점이나 단점을 말하기도 하는데, 그건 스스로 무덤을 파는 행위입니다.

그 자리에서는 아이들이 재미있어하고 관심을 보일지 모르지만, 뒤돌아서면 여러분의 평판은 형편없이 떨어지고 말아요.

"쟤, 딴 데 가서는 우리 욕하는 거 아냐?"

하고 오히려 친구들이 멀리하게 될 것입니다.

이간질 역시 위험합니다. 있지 않은 사실이나 아주 작은 일을 부풀려서 두 친구 사이를 오가며 말하는 것 말이에요. 중간에서 이런 저런 말을 옮기면서 이간질을 하면 두 친구 사이가 나빠지는 것은 물론 심하면 절교까지 할 수도 있어요.

하지만 나중에 누군가 이간질을 했다는 것을 알게 되면 다른 모든 친구들에게 소문이 나고, 결국에는 외톨이가 될 거예요.

그리고 친구가 '비밀이야' 하고 말한 것은 다른 친구에게 함부로 옮기지 마세요. 나중에 알고 보니 반 아이들이 다 알고 있는 비밀이더라도 자

   기 입에서 비밀이 새어나가지 않도록 하는 것이 좋아요. 친구의 비밀을 지키는 것도 신뢰에 관한 것입니다. 끝까지 비밀을 지켜 준다면 믿을 만한 사람이 될 거예요.

   말 한 마디라도 함부로 내뱉지 마세요. 굳이 욕이 아니더라도 그 이상의 기분나쁜 말은 얼마든지 있습니다.

35

다른 반, 다른 학교 친구도 사귀자

친구는 재산과 같아요. 내가 도움을 주는 만큼 도움을 받을 수도 있고, 많은 정보도 얻을 수 있습니다. 또 힘든 일이나 기쁜 일이 있을 때 같이 울고 웃어 줄 수 있는 친구가 곁에 있다는 것만큼 위안이 되는 것도 없답니다.

친구가 되는 첫 번째 방법은 '이름 외우기' 입니다. 혹시 한 학기가 다 끝나가는데도 아직 같은 반 친구의 이름을 못 외우고 있지는 않나요? 입장을 바꾸어서 생각해 보세요. 예쁜 이름이 있는데 다른 아이가 "야." "너." 그렇게 부른다면 기분이 좋겠어요? 그리고 친해지기도 힘들고요.

만약 낯을 많이 가려서 친구를 사귈 수 없었다면, 이제부터 친구의 이름을 외우세요. 특히 학년이 올라가서 서먹서먹할 때 이름을 기억해서 불러 주면 아주 친근하게 들린답니다. 그리고 말을 나누기도 훨씬 쉬워져서 금세 친해질 수 있어요.

탈무드에 "친구를 사귈 때는 한 계단 올라서서 찾아 보라"는 말이 있어요. 모든 면에서 나보다 잘난 친구만 사귀라는 것이 아니라, 보다 멀리 보고 친구를 폭넓게 사귀라는 말입니다. 친구는 같은 반, 같은 학교에서만 사귈 수 있는 것이 아니잖아요.

　같은 동네나 같은 학원을 다니는 친구들도 있을 거예요. 친구라고 해서 반드시 동갑내기여야만 하는 것은 아니에요. 선배도 될 수 있고 후배도 될 수 있습니다.

　얼굴이 낯익은 친구라면 먼저 인사하세요. 그리고 반드시 이름을 머리에 새겨 두세요. 그리고 다음에 만날 때는 이름을 부르며 인사하면 훨씬 친해진 기분이 들 거예요.

36
벼는 익을수록 고개를 숙이는 법

맹사성은 열아홉 살에 장원급제하고 이듬해에 경기도 파주 군수가 되었습니다. 어린 나이에 벼슬자리에 올라서인지 맹사성은 자만심에 가득 차 있었습니다.

하루는 맹사성이 깊은 산 속의 절에 계신 스님에게 물었습니다.

"스님, 이 고을을 다스리는 내가 삼아야 할 좌우명이 뭐라 생각하오?"

그러자 스님이 대답했습니다.

"나쁜 일을 하지 말고 착한 일을 많이 베푸시면 됩니다."

"피, 그건 삼척동자도 다 아는 거요. 내가 그런 말을 들으러 여기까지 온 줄 아오? 괜히 시간 낭비만 했구먼."

맹사성은 거드름을 피우며 일어나려 했습니다. 그러자 스님이 차나 한잔 하고 가라며 붙잡았어요. 맹사성은 하는 수 없이 다시 자리에 앉았습니다. 그런데 스님이 맹사성 찻잔에 찻물이 넘치도록 자꾸만 따르는 것입니다.

"스님, 찻물이 넘쳐 방바닥이 젖습니다."

하지만 스님은 계속 찻잔이 넘치도록 차를 따르며 조용히 말했습니다.

"어찌 찻물이 넘쳐 방바닥을 망치는 것은 알고 지식이 넘쳐 인품을 망치는 것은 모르십니까?"

스님 말에 맹사성은 부끄러워 얼굴을 붉혔습니다. 그래서 서둘러 일어나 방을 나가려고 하다가 그만 문에 세게 부딪히고 말았습니다.

그러자 스님이 빙그레 웃으며 말했습니다.

"고개를 숙이면 부딪히는 법이 없습니다."

사람에 따라 공부를 잘할 수도, 노래 또는 운동이나 그림을 잘 그릴 수도 있어요. 하지만 그것을 가지고 친구들에게 잘난 체를 한다든지, 잘 못하는 친구를 무시해서는 안 됩니다. 자칫하다가는 실력을 인정받기는커녕 잘난 체한다고 따돌림당하기 쉽습니다.

설사 다른 아이들보다 뛰어나다고 해도 겸손을 잊지 마세요. 다른 사람 앞에서는 자기 스스로를 낮출 줄 아는 사람이 정말 멋진 사람입니다.

37
약속은 사회장의 기본

'약속은 깨라고 있는 거'라고 생각하는 친구들!

약속을 어기는 것은 자신의 신용을 조금씩 갉아먹는 거예요. 신용이라는 것은 나 자신에 대한 성적표나 마찬가지입니다. 학교에서 시험을 보고 받는 성적표처럼 얼마나 약속을 잘 지키느냐에 따라 신용이라는 성적표가 매겨집니다. 게다가 **신용이라는 것은 얇은 유리와 같아서 한번 깨지거나 상처가 나면 다시 회복하기 힘들답니다.**

옛날 공자의 제자 가운데 '증자'라는 사람이 있었어요.

어느 날 증자 아내가 시장을 가려고 하는데 아이들이 따라가겠다고 졸랐습니다. 그래서 아내는 아이들을 떼어놓을 생각으로 말했어요.

"엄마가 시장 다녀올 동안 집에 있으면, 돼지 잡아 줄게."

아이들은 엄마 말만 믿고 집에 있기로 했습니다.

그런데 아내가 시장에 다녀오니, 증자가 돼지를 잡으려고 하는 거예요. 아내가 깜짝 놀라 증자를 말렸지요.

"아니, 애들 달래려고 그냥 한 말을 곧이곧대로 들으면 어떻게 해요!"

그러자 증자가 엄한 목소리로 말했어요.

"아무리 당신이 지나가는 말로 했다고는 해도 약속은 약속이오. 아무리 부모라고 해도 약속을 지키지 않으면 아이들은 부모에게 믿음을 갖지 못하오. 게다가 아이는 부모를 보고 자라는 법, 부모된 사람이 약속을 지키지 않고 순간만 모면하려고 그런 말을 했다면 당신은 아이들에게 속임수를 가르친 꼴이 되오."

결국 증자는 돼지를 잡아 아이들에게 먹였다고 합니다.

"요 정도 약속은 깨도 되겠지." "내 친구는 이해해 줄 거야." 하고 작은 약속을 얕잡아 보는 버릇이 들면, 나중에는 큰 약속도 별 생각 없이 깨뜨리기 쉬워요. 그러다 보면 자신에 대한 신뢰도 잃기 쉽습니다.

그리고 약속은 남하고만 하는 것이 아니에요. 자기 자신과 하는 약속 역시 소중하게 생각하고 지키려는 습관을 들이세요.

37_ 약속은 사회짱의 기본
38_ 칸트를 따라하자
39_ 된다 된다, 그러면 된다!
40_ 자기 전에 해야 할 일, 일어나자마자 해야 할 일
41_ 고(go) 스톱(stop)의 고수가 되자
42_ 오늘 할 일과 내일 할 일은 정해져 있다
43_ 스스로 하는 일을 늘려 가자
44_ 하는 만큼 되돌아오는 인사
45_ 새 달력을 받으면 꼭 할 일
46_ 용머리에 뱀꼬리 붙이지 말자
47_ 정보의 바다에서 헤엄치기
48_ 남을 위해 봉사하는 마음 갖기
49_ 환경지킴이가 되자
50_ 한 달에 한 번 효도의 날을 정하자

# 04

사회짱 되는 습관

38 칸트를 따라하자

　　A와 B가 만나기로 했습니다. A가 시간에 맞춰 약속 장소에 나와 보니 B는 아직 나오지 않았어요. 한 5분이 지나서 B가 천천히 걸어왔습니다. 그 모습을 보고 A가 말했어요.

　　"자네, 지금 시간이 몇 시인가? 약속 시간보다 5분이나 늦었잖아."

　　그러자 B는 별것 아니라는 듯이 말했어요.

　　"아니, 5분 늦은 거 가지고 뭘 그러나. 겨우 5분인데."

　　"뭐라고? 5분이 별것 아니라니, 5분이면 얼마나 많은 일을 할 수 있는데. 라면을 끓여서 먹을 수도 있고, 지하철을 타면 두 정거장을 갔을 거라고. 5분을 우습게 알다니. 자네, 사람이 좀 그렇군!"

　　A는 화를 내며 말했어요. 며칠 뒤 A와 B가 다시 만나기로 했습니다. A가 약속 시간에 맞춰 나갔더니 이번에는 B가 나와 있었어요. A를 보자마자 B가 자랑스럽게 말했습니다.

　　"지난번에 내가 늦어서 자세가 하도 화를 내기에 오늘은 아예 5분 일찍 나왔네."

　　A는 이번에도 화를 냈어요.

　　"약속 시간에 맞춰 나오면 되지, 뭐하러 시간을 낭비하는가? 자네는 정말 시간 아까운 줄 모르는 사람이군."

부자들은 돈을 아끼고 모아요. 부지런한 사람들은 시간을 아끼고 모은답니다. 남들은 자거나 그냥 흘려보내는 시간을 꼼꼼하게 챙겨 잘 활용하죠.

시간을 알뜰하게 잘 쓰려면 계획을 세워 잘 지키는 것이 가장 좋은 방법입니다. 쓸데없이 멍하니 보내는 시간을 없애고 알차게 하루를 보낼 수 있습니다. 그런 하루하루가 쌓여서 한 달이 되고 1년이 되고, 그 이상이 되는 것입니다.

39
된다, 된다 그러면 진짜 된다!

미국에서 어느 직원이 냉동차를 청소하고 있었습니다. 그런데 사람들이 모르고 그만 문을 잠가 버리고 말았어요. 안에서는 절대 열 수 없기 때문에 직원은 냉동차에 갇히고 말았죠.

직원은 문을 열려고 애쓰고 소리를 질렀습니다. 하지만 문을 열어 줄 사람이 아무도 없다는 것을 알자 무서워지기 시작했습니다. 냉동식품을 보관하는 냉동창고는 뭐든 꽁꽁 얼려 버리는 곳입니다. 밤새 냉동차에 갇혀 있으면 얼어죽을 것이 뻔했습니다.

직원은 온몸이 덜덜 떨렸습니다. 추워서 치아가 서로 맞부딪쳐 딱딱거리고 손가락 하나 꼼짝 할 수 없었어요. 냉동차 안에서 하룻밤을 보낸 직원은 이튿날 싸늘한 시체로 발견되었습니다.

그런데 사실 그 냉동차는 스위치가 꺼진 상태였어요. 그러니까 조금 쌀쌀하긴 해도 얼어죽을 정도는 아니었던 거죠.

직원은 자신이 냉동차에 갇혔으니 얼어죽을 거라고 지레 생각해 버리는 바람에 밤새 추위에 떨다 죽은 것입니다. 만약 직원이 조금만 자신을 믿고 판단을 했다면 얼어죽지는 않았을 거예요.

이렇듯 모든 일은 마음먹기에 달려 있습니다. 자기 스스로 '그렇다' 라고 생각하면 그 생각에서 빠져나오지 못하죠. 그렇기 때문에 늘 긍정적으로 생각하고 자신감을 갖는 것이 중요하답니다. 자신을 믿는 의지가 중요해요.

1. 된다, 된다!

"어차피 난 못해" "난 안 돼" 하는 부정적인 생각은 자신을 더욱 나약하게 만듭니다. 자신감을 잃게 만들고 그 탓에 정말 될 일도 안 되고 말죠. 이제는 자신을 믿으세요. "할 수 있어!" "잘할 거야!" 그런 마음을 가지다 보면 자신도 모르는 에너지가 불끈불끈 솟아날 거예요.

2. 더 잘할 수 있다!

사람에게 가장 희망적인 것은 미래가 있다는 것입니다. 보다 나은 미래를 위해 현재 열심히 공부하고 일하며 살아가는 거죠. 하지만 과거에 실패한 기억이나 앞으로 좋은 일은 없을 거라고 스스로 단정지으면 미래까지 어둡게 만듭니다. 지금은 잘 되지 않더라도, 힘들더라도 외치세요. "나는 더 잘할 수 있어!"

3. 세상은 내 편이야!

자신이 놓인 환경에 불만이 많은 친구들, 마음에 심통만 가득 차 있으면 무슨 일을 해도 잘 될 리가 없습니다. 자신이 잘못하거나 실수한 것을 고치기는커녕 자기 환경이나 남의 탓으로만 돌리고 계속 투덜거릴 테니까요. 세상이 만만하지 않다고는 하지만 열심히 노력하는 사람을 모른 척

할 정도로 매정하지는 않습니다. 스스로 노력만 한다면 세상은 내 편이 되어 줄 거예요.

4. 난 잘났어 정말!

대부분 부모님이 다른 친구들과 자신을 비교하는 것을 가장 싫어할 거예요. 혹시 여러분 스스로 다른 친구들과 비교를 하고 있지는 않나요?

"쟤는 잘하는데 나는 뭐 하나 제대로 하는 게 없을까? 난 정말 쓸모없는 아이야."

그런 생각을 하며 마음에 상처를 주고 있다면 지금 당장 그만두세요. 이제는 자기 스스로를 사랑하세요. 세상은 '나'를 중심으로 돌아가고 있습니다. 그렇게 소중한 자신을 그저 그런 사람으로 내모는 것은 안타까운 일이에요. 자신을 사랑하세요. 그리고 스스로에게 이렇게 말하는 습관을 들이세요.

"넌 할 수 있어. 넌 정말 잘났어!"

40 자기 전에 해야 할 일, 일어나자마자 해야 할 일

돈을 아끼듯 시간도 아끼는 버릇을 들여야 해요. 시간도 아끼면 저축이 된답니다.

호, 어차피 정해진 24시간이 어떻게 저축이 되냐고요? 오늘 한 시간 아끼면 내일은 25시간이 되냐고요? 그럼요, 되고 말고요. 한 시간까지 갈 것도 없어요. 단 5분, 10분으로 30분, 1시간을 벌 수 있답니다.

우선 자기 전에 여러분은 어떤가요? 텔레비전을 보거나 책을 보다가 그냥 "아, 졸려. 이불 펴고 자야지." 하는 친구들이 대부분일 거예요.

하지만 10분 정도만 투자해서 책가방은 잘 챙겼는지, 준비물은 잘 챙겼는지, 내일 입고 갈 옷은 정했는지 등등을 체크하면 아침에 일어나서 허둥댈 일이 없답니다.

아침에 일어나서 뒤늦게 빠진 준비물 챙기랴, 옷장 뒤져가며 옷 챙기랴 진땀을 흘리다 보면 아침밥도 못 먹고 학교에 갈 거예요. 그러면 오전 시간 내내 멍하니 보내게 되죠. **하루 전날, 미리 준비만 해 두면 간단한 것을 말이에요.**

또 일기 쓰는 것을 잊어서도 안 됩니다. 일기를 쓰면서 하루를 정리하며 반성을 하기도 하고 재미있거나 즐거웠던 일을 기록하세요. **꾸준히 일기를 쓰다 보면 글솜씨도 늘어나고 사고력도 높아질 수 있습니다.**

자기 전 몇 분만 투자하면 말이죠.

　양치질하는 것도 잊으면 안 돼요. 양치질을 잘하고 자면 치아가 튼튼해지고 그러면 나중에 치과에 갈 일도 적어지겠죠.

　아침에는 그 날 할 일을 미리 체크하는 것이 좋아요. 오늘 반드시 해야 할 일은 무엇인지, 중요한 일은 없는지 확인하면 뒤늦게 "아차! 깜빡했다." 하는 일 없이 하루를 알차게 보낼 수 있습니다.

　당장은 눈에 안 보여서 "설마?" 할지도 모르지만, 점점 습관을 들여 보세요. 자기 전에 그리고 일어나자마자 하는 잠깐의 체크가 하루를 얼마나 여유있고 편하게 시작할 수 있게 하는지 알 수 있을 거예요.

41 고(go) 스톱(stop)의 고수가 되자

한 가지 일에 푹 빠져 다른 것은 신경쓰지 않는 것, 집중력과는 다르게 한 가지에 집착하고 다른 생활까지 못할 정도로 빠져드는 것. 바로 '중독'입니다.

여러분에게 중독의 위험이 많은 것이 텔레비전과 인터넷 그리고 게임입니다. 재미있다는 것은 알지만 오래 하면 좋지 않습니다.

'인터넷 중독'이라고 들어 봤을 거예요. 만약 하루라도 인터넷에 접속하지 않으면 답답하고 안절부절못하다가 인터넷에만 접속하면 편안해지고, 접속 시간이 점점 길어진다면 인터넷 중독을 의심해 봐야 해요.

일단 인터넷 중독에 걸리면 아무리 자제하려고 해도 의지대로 잘 되지 않으며 친구들과의 사이도 멀어지고 오직 인터넷 세계에만 빠져 헤어나지 못하게 됩니다.

그 정도로 심각한 상태에 이르기 전에 스스로 자제하는 힘을 기르세요. 머리를 식히기 위해 휴식을 취하다가도 지나치다 싶으면 멈출 줄 아는 자제력이 필요합니다.

만약 혼자 조절하기가 힘들다면 주위의 도움을 받으세요. '한 시간만 게임을 하자.' 하고 마음먹었으면 부모님께 말해 두기도 하고, 아니면 자명종 시계를 맞춰 두어서 정해진 시간에는 과감하게 스위치를 끄도록 하세요.

이 때 미련을 두지 말고 과감하게 벌떡 일어나는 의지가 필요합니다. 처음에는 미적미적 대겠지만 하루하루 습관을 들이면 엉덩이가 가벼워질 거예요.

컴퓨터 사용 일지를 만드는 것도 좋습니다. 하루에 컴퓨터를 몇 시간 했는지 적어 두어 다음에 사용할 시간을 조절하는 거예요. 용돈 기입장을 쓰듯이 말입니다. 쭉 적다 보면 자신이 컴퓨터 또는 오락을 하는 시간이 어느 정도 되는지 알 수 있을 거예요.

텔레비전은 볼 프로그램을 미리 정해 두세요. 텔레비전 프로그램 가운데에는 도움이 되는 것도 많지만, 시간 때우기식의 프로그램도 많아요. 그냥 마음놓고 보다가는 다른 일은 하나도 못하고 애국가가 나올 때까지 껴안고 있게 될지도 몰라요.

그렇다고 보고 싶은 것을 꾹 참고 공부만 하겠다는 것도 좋은 방법은 아닐 거예요. 책상에 앉아 있어도 그 프로그램이 머리 속에서 빙빙 돌 테니까요. 집중도 못하고 괜히 시간만 흐지부지 보내게 될 것입니다.

그러니까 미리 정해 놓고 고(go) 하다가 과감하게 스톱(stop) 하는 습관을 들이세요. **스스로 적절한 선에서 스톱하는 현명함을 발휘하기 바랍니다.**

42
오늘 할 일과 내일 할 일은 정해져 있다

'게으른 새의 집짓기'라는 이야기를 아시나요?

집 없이 이곳 저곳을 떠도는 새가 있었어요.

낮에는 여기저기 돌아다니는 것이 재미있어서 까맣게 잊고 있다가 서늘한 밤이 되면 비로소 집을 짓겠다고 결심을 하죠. 하지만 따사로운 아침 햇살을 받으면서 잠에서 깨어나면 다시 생각이 바뀝니다.

"에이, 오늘은 날씨가 좋으니까 내일 짓지, 뭐."

그렇게 신나게 놀다가 다시 해가 지면 또다시 다짐을 합니다.

"내일은 무슨 일이 있더라도 집을 짓고 말겠어."

새는 그렇게 추위에 떨며 밤을 지새우고 나면 다시 집 짓는 일을 내일로 미루다가 결국 평생 추위에 떨다가 쓸쓸하게 죽어갔습니다.

"이따가 하지 뭐." "내일 하지 뭐." "다음에 하지 뭐."

그렇게 오늘 할 일을 내일로 미루는 일이 습관이 되지 않도록 하세요. 내일은 오늘의 할 일을 하기 위해 있는 것이 아닙니다.

오늘 할 일과 내일 할 일은 엄연히 달라요. 계획한 일이나 해야 할 일을 미루면 이튿날이 엉망이 될 수 있어요.

내일에 오늘의 일을 떠넘기면 부담만 가중된답니다.

43
스스로 하는 일을 늘려 가자

영국의 비평가 '존 러스킨'은 어렸을 때부터 아주 나약했습니다. 혼자 하는 일이 거의 없었어요. 늘 엄마가 옷을 챙겨 주고 학교까지 바래다 주고 데리러 왔습니다. 혹시 나쁜 친구를 사귀지는 않는지, 불량식품을 사먹지는 않는지 걱정이 되어 대학에도 보내지 않았어요. 심지어 엄마가 마음에 드는 여자를 골라 서른이 거의 다 된 아들을 대신해 청혼을 하고 결혼을 시켰습니다. 하지만 러스킨은 곧 이혼하고 말았어요. 사람들은 혼자서는 아무 것도 하지 못하는 러스킨을 비웃었습니다.

"휴, 사람들 말이 맞아. 어머니의 지나친 간섭은 나에게 아무런 도움도 되지 않았어. 나를 무기력하게 만들었을 뿐이야."

아기들은 엄마의 손길이 꼭 필요합니다. 자기 혼자 할 수 있는 일이 거의 없으니까요. 엄마가 늘 옆에서 보살피고 챙겨 주어야 합니다. 그런 아기들도 시간이 지나면 뭐든 혼자 하려고 합니다. 아랫도리와 윗도리를 구분도 못하면서 자기 혼자 입겠다고 애를 씁니다. 머리가 나와야 할 곳으로 팔이 나오고, 바지 한 쪽에 두 다리를 다 집어넣기도 해서 엄마가 도와 주려고 하면, 그래도 혼자 하겠다며 고집을 부립니다.

여러분은 어떤가요? 그 아기가 몸과 마음이 자라서 지금의 모습을 하고 있는 건가요, 아니면 몸만 자라고 마음은 아직도 아기 그대로인가요.

여러분은 아직 어느 정도는 부모님의 보호와 손길이 필요합니다. 하지만 평생 부모님의 도움을 받으며 살 수는 없어요. 나이를 먹어 갈수록 자신의 일을 혼자 결정하고 해결해야 해요. 조금씩 훈련을 해 두지 않으면 미숙할 수도 있고 당황할 수도 있답니다. 거창한 것이 아니더라도 작은 일부터 스스로 해 보는 게 어떨까요?

1. 내가 입을 옷은 내가 고른다

아직도 엄마가 챙겨 주는 옷을 입나요? 이제는 그 날 입을 옷은 자기 스스로 코디하세요. 또 옷을 살 때도 이젠 엄마가 골라 주기 전에 여러분이 먼저 고르세요. 나만의 개성은 내가 만드는 법, 언제까지 엄마의 인형이 될 수는 없잖아요.

2. 자기가 다닐 학원은 자기가 정한다

옆집 친구가 다니니까, 엄마가 가라고 해서, 그렇게 학원을 다닌다면 재미도 별로 없고 능률도 별로 안 오를 거예요. 그냥 친구를 만나기 위해서나 시간을 때우기 위해 학원을 다니게 될 것입니다. 하지만 자신이 필요하다고 생각해서, 스스로 학원들을 비교해서 자신에게 맞는 곳을 다닌다면 훨씬 재미있게 다닐 수 있습니다. 또 자신이 선택했으니 책임감도 생길 테고요. 이젠 누가 시켜서 하는 수동적인 습관은 버리세요. 내가 찾아다니는 능동적인 습관을 들이기 바랍니다.

3. 방 청소는 당연히 내 손으로

아침에 허둥지둥 학교에 갔다가 돌아왔을 때 방이 깨끗이 정리되어 있으면 기분이 좋죠. 하지만 자기가 생활하는 곳의 청소를 언제까지 엄마에게 맡길 건가요? 정리정돈도 여러분 손으로 하는 것이 좋아요. 안 그러면 물건 찾는 데 시간도 걸리고 엄마한테 일일이 물어 봐야 할 거예요.

4. 책가방은 내가 챙긴다

학교에서 공부하는 것은 나 자신이에요. 그런데 엄마가 책가방과 준비물을 챙긴다는 건 말이 안 되죠. 뭘 사야 하는지 잘 모르니까, 시간이 없으니까 엄마에게 준비물을 챙겨 달라는 학생이 이젠 없었으면 좋겠어요. 학생이 공부할 자기 물건을 제대로 못 챙긴다면, 어른이 되어서 도대체 무슨 일을 할 수 있을까요?

44 하는 만큼 되돌아오는 인사

한 방송국의 여자 아나운서가 하루는 택시를 탔습니다. 어느 정도 얼굴이 알려진 아나운서였기에 택시 기사는 반갑게 인사를 했습니다.
"어이구, 아나운서 아니세요?"
그러자 아나운서는 얼떨결에 얼버무렸습니다.
"아니에요. 그 아나운서는 저랑 친척인데 많이 닮아서 사람들이 착각을 해요."
"허, 닮아도 너무 닮았네. 목소리까지."
택시 기사는 거울로 힐끗힐끗 살펴보았습니다. 아나운서는 시치미 뚝 떼고 모르는 척했어요. 사실 그 여자 아나운서는 사람들이 자신을 알아보는 것이 싫었습니다. 식당에서 밥을 먹거나 거리를 지나다닐 때 사람들이 아는 체를 해서 조금 귀찮다고 생각했습니다. 목적지에 도착했을 때 택시 기사는 아나운서에게 부드러운 목소리로 말했습니다.
"아마 사람들이 알아보는 게 어색한가 본데, 내 생각에는 사람들이 아는 척을 하며 다가올 때는 반갑게 인사를 해 주는 게 예의라고 생각해요."
아나운서는 그 말을 듣는 순간 얼굴이 빨개졌습니다. 그리고 그 후로는 택시 기사의 말을 교훈삼아 언제 어디서든 웃으며 먼저 인사하도록 노력했습니다.

그 결과 9시 저녁 뉴스를 담당하는, 실력을 인정받는 유능한 아나운서가 되었고 현재는 미국 특파원으로 활약하고 있습니다.

아파트에 사는 친구들은 한 번쯤 이런 경험이 있을 거예요. 엘리베이터에 탔는데 다른 층에 사는 사람과 같이 타면 멀뚱멀뚱 괜히 딴 데를 보거나 딴 짓을 하거나 말이에요. 얼굴은 낯이 익은 거 같은데 선뜻 말을 걸기도 뭐한 그런 상황. 먼저 인사를 하려고 해도 타이밍을 놓치면 왠지 어색하고 상대방이 인사를 안 받아 주면 어쩌나 하는 그런 갈등. 그런데 사람들은 다 마찬가지일 거예요.

서로 '인사하면 받아 줘야지.' 하고 마음을 먹으면서도 막상 입이 떨어지지 않아 시선을 다른 곳으로 돌리는 거죠. 만약 어른하고 같이 엘리베이터를 탔다면 여러분이 먼저 '안녕하세요?' 하고 인사해 보세요. 아마 어른이 인사를 받아 주는 것은 물론이고 '몇 학년이니?' '몇 층에 사니?' 등등 이런 저런 것들을 물어 보실 거예요.

동네에서 어른들을 만났을 때도 마찬가지예요. 여러분이 먼저 인사한다고 해서 정신나간 아이로 볼 사람은 없습니다. 오히려 예의바른 아이로 소문날 거예요. 또 친구들 사이에서는 '새삼스럽게' 라는 생각으로 인사를 하지 않는 경우가 있는데, 친한 사이일수록 더 챙겨야 해요.

아무리 친해도 도움을 받으면 '고마워' 라는 인사를 하는 것이 당연하고 실수를 했을 때는 '미안해' 하고 사과하는 것이 당연합니다.

가게에서도 인사 한 마디면 보는 눈이 달라져요. 불쑥 가게에 들어가서 물건만 사고 아무 말도 하지 않고 나오면 장사하는 입장에서도 퉁명스럽게 나오게 됩니다. 하지만 '안녕하세요?' 하고 들어가서 '안녕히 계세요' 하고 나오면, 인사  받는 사람도 기분이 좋아져서 같이 웃으면서 인사를 해 줄 거예요.

'안녕하세요' '감사합니다' '미안합니다'

들어도 싫증 안 나는 말들이에요. 또 쉽게 상대방에게 좋은 인상을 줄 수 있는 말이기도 하죠.

인사는 별것도 아닌데 기분을 좋게 만드는 매력을 가지고 있습니다. 이제부터 인사 인심이 후해지길 바랍니다. 여러분도 그만큼 많은 인사를 받게 될 거예요.

45

새 달력을 받으면 꼭 할일

내 생일에 생각지도 않은 아이에게서 축하 인사를 받는다면 기분이 어떨까요?

"몇 월 며칠이 내 생일이야." 하고 광고하고 다니지 않아도 생일을 챙겨 주는 친구가 있다면 정말 기분 좋겠죠.

여러분은 친구의 생일을 다 알고 있나요? 가족들의 생일은요? 다른 사람들의 생일이나 기념일은 잘 모르고 내 것만 챙겨 주기를 바라는 이기적인 친구는 인기를 얻을 수 없어요.

큰돈이나 노력을 들이지 않고도 좋은 이미지와 호감을 살 수 있는 방법 가운데 하나가 다른 사람들에 대해 기억하는 것입니다.

좋아하는 것, 좋아하는 음식, 좋아하는 음악 그리고 특히 생일 같은 기념일을 말입니다.

그런 생일을 잊지 않기 위해서는 달력을 활용하는 것이 좋아요. 연말이 되면 여기 저기서 달력을 나누어 주는데, 받자마자 친구들과 가족들의 생일, 기념일을 표시해 두세요. 머리 속에 기억하고 있다고 해도 깜빡 잊고 지나칠 수 있으니까요.

그렇게 특별한 날을 표시해 두었다가 잊지 않고 축하해 주면 고마워 할 거예요. 그러면 축하해 주는 사람도 기분좋아지고요. 누군가 나를 기억하고 있다는 건 확실히 기분좋은 일입니다.

46 용머리에 뱀꼬리 붙이지 말자

중국 최고의 시인으로 꼽히는 '이태백'이 어렸을 때 산에 들어가 공부를 할 때였어요.

처음에는 열심히 공부를 했지만 나중에는 슬슬 꾀도 나고 더 공부해서 뭐하나 싶기도 해서 짐을 꾸려 산을 내려갔습니다.

그렇게 산을 내려오는데 냇가에서 어느 할머니가 도끼를 숫돌에 갈고 있는 거예요. 이태백은 궁금해서 할머니에게 물었죠.

"할머니, 뭐하시는 거예요?"

"응, 바늘 만들어."

할머니는 고개도 돌리지 않고 계속 도끼를 갈았어요. 이태백은 이해가 가지 않아 다시 물었죠.

"어떻게 바늘을 만든다는 말씀이세요? 여기엔 도끼밖에 없는데."

"응, 이렇게 계속 갈면 언젠가는 바늘이 되지 않겠어?"

그 말을 듣고 이태백은 아차, 했습니다. 자신이 공부를 하다 말고 내려온 것이 잘못인 걸 깨달은 거죠.

이태백은 다시 산으로 올라가 공부를 계속했고, 결국 뛰어난 시인이 되었습니다.

'용두사미' 라는 말, 다 알죠?

시작은 용의 머리처럼 거창하게 했다가 마무리는 뱀의 꼬리처럼 흐지부지 보잘것없게 되는 것을 뜻하는 말입니다.

일은 크게 벌리고, 가면 갈수록 시들해지는 것도 습관이에요. 중요한 일이든 가벼운 일이든 처음과 끝이 다르다면 다른 사람들에게 믿음을 줄 수 없어요. '저 사람은 늘 저런 식이지.' 하고 젖혀놓을 수 있습니다. 또한 큰일을 할 수도 없고요.

일단 시작한 일은 끝까지 뚝심을 가지고 열심히 해야 나중에 만족할 만한 결과를 얻을 수 있습니다. 시험 공부를 생각해 보세요. 처음에는 계획표도 짜고 정리도 착착 해놓지만, 날이 갈수록 시들해져서 계획 따로, 진도 따로 되기 쉽죠. 그러다 보면 예상했던 것만큼 시험 점수가 안 나오는 것이 당연해요.

혹 여러분도 도끼를 갈다 말아서 도끼도 아닌 것이, 바늘도 아닌 것이 아무 쓸모도 없는 물건을 만들고 있는 것은 아닌가요?

자, 마음을 굳게 먹고 우리도 도끼가 바늘 될 때까지 끝까지, 처음 그 마음으로 갈아 보자고요.

47 정보의 바다에서 헤엄치기

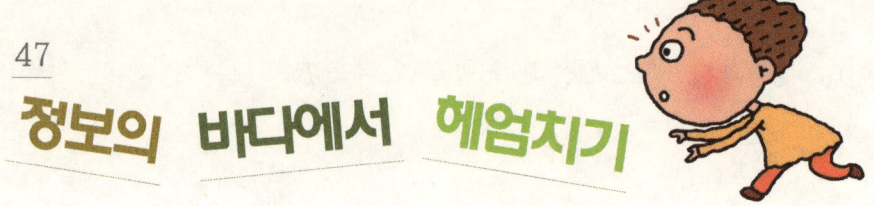

현대사회에서 정보는 경쟁력의 기본입니다. 누가 좋은 정보를 얼마나 빨리, 많이 얻느냐에 따라 성공과 실패가 결정됩니다.

그런데 하루에 쏟아지는 정보의 양은 상상을 초월할 정도로 어마어마합니다. 그 많은 정보를 모두 수집한다는 것은 불가능해요. 아니, 그 정보를 읽는 데만도 하루가 모자랄 것입니다.

또 정보를 많이 가지고 있더라도 제대로 정리를 하지 않거나 필요할 때 제대로 활용을 못한다면 쓸데없는 쓰레기에 불과합니다.

그렇기 때문에 많은 정보 가운데 나에게 필요한 좋은 정보를 가려내는 능력도 필요합니다. 또 좋은 정보를 가지고 있는 사람이 더 알찬 정보를 가질 수 있답니다. 왜냐하면 정보는 다른 정보를 이어 주는 징검다리와 같거든요.

좋은 정보를 한눈에 알아보는 실력을 가지려면 매일 정보와 접해야 해요. 책, 신문, 텔레비전, 인터넷 등 정보를 얻을 수 있는 곳은 많습니다. 그 많은 정보 가운데 꼭 필요한 것들을 정리하는 습관을 들이세요.

스크랩북 만들기

우선 스크랩할 주제를 정해야 해요. 신문, 잡지, 화보 등에서 주제와 관련된 자료를 모아 주제별로 정리합니다. 이 때 정보를 얻은 신문, 잡지

등의 이름과 날짜를 표시하세요. 그리고 중요한 부분에 밑줄을 긋고 자료 옆에는 자신의 느낌을 적는 것도 잊지 마세요.

컴퓨터 파일로 정리하기

인터넷에서 본 자료는 인쇄해서 프린트해도 좋지만, 번거로우니 컴퓨터에 파일을 만드세요. 나만의 정보 파일을 만들거나 따로 디스크에 분류해서 저장하면 찾아보기 편합니다.

48

남을 위해 봉사하는 마음 갖기

한 나그네가 어두운 밤에 산길을 걸어가고 있었습니다. 깜깜한 밤인데다가 길도 험해서 한 발 한 발 내딛는 것이 조심스러웠습니다.

그런데 저 멀리에서 불빛이 다가오는 것이 보였습니다.

"아니, 이 밤길에 누가 고맙게도 등불을 비추고 있네."

불빛이 반가워 가까이 다가간 나그네는 깜짝 놀라고 말았습니다. 등불을 든 사람이 앞을 못 보는 장님이었기 때문입니다.

"아니, 앞을 못 보시는 분이 어찌 등불을 들고 다니십니까?"

나그네가 묻자 장님이 대답했습니다.

"나는 불빛을 보지 못하지만 다른 사람들이 불빛을 보고 나와 부딪치지 않도록 피할 것이 아닙니까?"

여러분은 '봉사'라는 단어와 얼마나 친숙한가요? 봉사할 마음은 있는데 어떻게 해야 하는지 잘 모르거나 봉사 자체를 아주 거창하게 생각하는 것은 아닌가요? 그러면 봉사할 기회가 점점 멀어질 거예요.

조금만 용기와 시간만 낸다면 봉사는 누구나 할 수 있는 아주 쉬운 일이에요. 그리고 아주 아름다운 마음이기도 하고요.

남을 돕는다는 것은 혼자서 모든 것을 책임져야 하는 것은 아닙니다.

여름에 수재 의연금을 모금하면 금세 엄청난 금액이 모이잖아요. 그 많은 금액은 몇몇 사람이 내놓은 몫돈이 아니라 동전부터 시작해서 천 원, 이천 원 그렇게 모인 것입니다.

또 봉사는 돈으로만 하는 것은 아니에요. 휴일에 잠깐이라도 시간을 내 장애우들과 함께 지내는 일, 도서관에서 책을 정리하는 일, 눈이 어두운 할아버지 할머니에게 책을 읽어 드리는 일, 놀이터에 있는 휴지를 줍는 일, 동생을 돌보는 일 등등 찾아보면 봉사할 수 있는 곳은 많아요.

단, 봉사는 남을 돕는다는 넉넉한 마음으로 해야 합니다. 내가 더 잘나서 누군가를 돕는다는 동정심은 받는 사람도 고마워하지 않고 오히려 기분만 상할 것입니다. 그리고 봉사는 어쩌다 한 번 하는, 일 년 중 겨울에만 반짝하는 '행사'가 아닙니다. 함께 사는 사회에서 남을 생각하는 마음은 늘 가지고 있어야 해요.

한 가지쯤 정해놓고 봉사를 하도록 하세요. 남을 위해 나도 무언가를 할 수 있다는 생각에 마음이 뿌듯해지고 스스로 대견스럽게 생각될 거예요.

환경지킴이가 되자

사람들은 누구나 건강하게 오래 살기를 원합니다. 건강해야 자신이 하고 싶은 일도 할 수 있고 즐겁게 살 수 있으니까요. 돈이 아무리 많아 봤자, 자신의 일에 크게 성공해 봤자 건강을 잃는다면 다 쓸모없게 되어 버립니다. 그래서 열심히 운동을 하고 좋은 음식을 골라 먹고 규칙적인 생활을 하려고 노력합니다.

그런데 그런 생활을 할 수 있는 가장 큰 터전인 지구 환경에 대해서는 별로 관심이 없는 것 같아요.

건강을 위해 조깅을 하더라도 대기 오염이 심각하다면요? 몸에 좋은 음식을 골라 먹는다고 해도 땅이 오염되어 음식의 재료가 되는 야채며 생선, 고기가 중금속 덩어리라면요? 땅이며 하늘, 물이 모두 오염된 속에서 자기 건강을 지키겠다고 애써 봤자 소용없습니다.

환경오염에서 문제가 되는 것은 쓰레기입니다. 어쩌면 나중에는 우리 모두 쓰레기가 묻힌 땅 위에서 살아야 할지도 몰라요.

어떻게 하면 쓰레기를 줄일 수 있을지 생각해 보세요. 일회용품 사용하지 않기, 되도록 리필 제품 사용하기 그리고 음식 남기지 않기 등등. 또

재활용품을 분리수거하는 것도 쓰레기를 줄일 수 있는 방법이에요. 알루미늄, 플라스틱, 고철, 유리 등으로 나누어 버리면 쓰레기 양도 줄이고 자원도 아낄 수 있습니다.

솔직히 귀찮기도 해요. 플라스틱과 유리가 섞인 제품도 있고, 고철과 플라스틱이 섞인 제품도 있어서 일일이 분리해서 버려야 하니까요. 또 한꺼번에 모아 두었다가 하나하나 분리 수거함에 넣는 것도 번거롭기는 하죠.

하지만 귀찮다는 생각보다는 '아, 내가 지구를 위해 좋은 일 하나 했다!' 하는 마음을 가지는 것이 어떨까요? 여러분이 운동을 하고 영양가 있는 음식을 먹듯이, 또 부모님이 여러분이 다치지 않도록 보호하듯 여러분도 지구의 보호자가 되었다고 생각하면 어떨까요?

자연은 미래로부터 빌려온 것입니다. 현재의 우리만의 것이 아니에요. 앞으로 우리 후손들이 건강하게 살 수 있도록 지켜 주어야 합니다.

여러분 모두 '지구 수비대' 라는 사명감을 가지고 지구를 지켜야 합니다. 우주의 못된 악당이 아니라 지구 안의 환경을 해치는 못된 사람들로부터요. 그게 우리 지구를 지키는 일이고 여러분이 건강하게 살 수 있는 길입니다.

50 한 달에 한 번 효도의 날을 정하자

영조 때 정승을 지낸 '이양칠'의 어린 시절 이야기입니다.

이양칠의 집은 너무 가난해서 부모님이 품팔이를 해서 간신히 입에 풀칠을 하고 살았어요. 이양칠은 서당도 다니지 못하고 혼자 책을 읽으면서 공부했습니다.

어느 여름 날, 이양칠은 시원한 방을 내버려두고 땡볕에서 땀을 뻘뻘 흘리며 책을 읽었습니다. 그 모습을 본 이웃 사람이 물었어요.

"아니, 더운데 웬 고생이냐? 그늘에서 읽지?"

그러자 이양칠은 이마에 흐르는 땀을 닦으며 말했습니다.

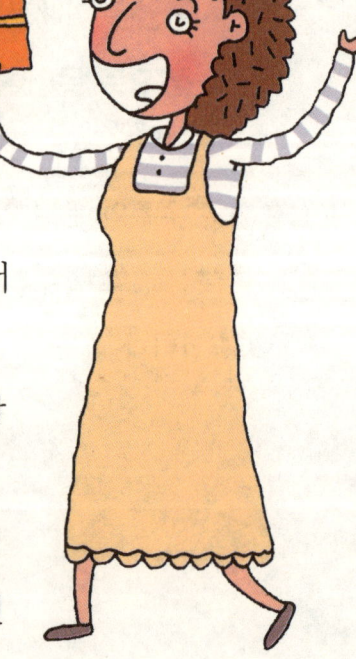

"우리 아버지 어머니는 땀을 흘리면서 일하고 계세요. 그런데 자식된 도리로 어떻게 시원한 방에서 공부를 하겠습니까?"

이웃 사람은 이양칠의 부모를 생각하는 마음에 감동을 받았다고 해요.

해마다 5월 8일 어버이날이면 선물 가게며 꽃집이며 난리가 납니다. 모아두었던 용돈으로 카네이션을 사고 선물을 사느라 말이에요.

그런데 그 날 하루만 부모님께 감사의 마음을 표시하는 것으로는 너무 부족하지 않을까요? 부모님은 여러분에게 어린이날에만 선물이며 맛있는 음식을 사 주시는 게 아니잖아요.

겨우 일 년에 한 번 어버이날에만 반짝하지 말고 한 달에 한 번 '효도의 날'을 정하는 것은 어떨까요?

평소에도 엄마 아빠를 도와 드려야겠지만 한 달에 하루, 엄마 아빠의 날을 만드는 겁니다. 물론 효도는 날을 잡고 하는 것은 아닙니다. 언제나 감사하고 사랑하는 마음을 가져야 해요. 다만 효도의 날은 그 마음을 마음껏 표현하는 날로 정하는 거예요.

형제들과 작은 이벤트를 열거나 작은 선물을 준비해 보세요. 직접 만든 쿠폰도 좋은 선물이 될 수 있죠. 설거지 1회 쿠폰, 30분 마사지 쿠폰, 심부름 쿠폰 등등.

아니면 "엄마, 아빠. 오늘 하루는 제가 두 분의 시종이 되겠습니다." 하고 하루를 고스란히 엄마 아빠만을 위한 날로 정하는 거예요.

평소에 짜증났던 심부름, 귀찮았던 잔소리들을 한 달에 하루만큼은 "네!" 하고 아무 불평 없이 받아들이세요. 작지만 부모님을 도왔다는 뿌듯함과 부모님의 사랑을 새삼 느낄 수 있을 것입니다.

51_ 숙제는 학교에서 오자마자 한다
52_ 계획과 목표가 있으면 공부도 재미있다
53_ 한 가지를 배우면 열 가지를 생각하자
54_ 골고루 책읽기
55_ 재미있게 신문과 뉴스 보기
56_ 공부만큼 중요한 제대로 놀기
57_ IQ 150을 이길 수 있는 메모
58_ 뇌를 살찌울 수 있는 음식을 먹자
59_ 제대로 오래 기억할 수 있는 습관
60_ 낙타가 바늘구멍을 통과할 수 있는 집중력
61_ 무작정 따라쟁이는 되지 말자
62_ 공부하기 전 준비 운동, 정리정돈
63_ 수업 시간은 나의 독무대, 질문
64_ 선생님의 팬이 되자
65_ 나도 한다, 아침형 아이

05

공부짱 되는 습관

51 숙제는 학교에서 오자마자 한다

선생님이 내 주는 숙제를 혹이라고 생각하는데, 숙제는 그 날 수업 시간에 배운 것을 복습하는 것입니다. 배운 내용을 확실히 자기 것으로 만들기 위한 '굳히기' 단계죠.

뒤에서 기억력에 대한 이야기를 다시 하겠지만, 사람의 기억력엔 한계가 있습니다. 아무리 머리좋은 사람이라도 반복하고 연습하지 않으면 기억에 오래 남지 않아요.

또 머리에 더 많은 내용이 남아 있을 때 굳히기를 하는 것이 효과적입니다. 점점 잊혀지는 상태에서 아무리 기억을 하려고 애써 봤자 대부분을 잊어 버리게 된다는 거죠.

그렇기 때문에 숙제는 빨리 하는 것이 좋습니다. 수업 시간에 배운 내용이 어느 정도 머리에 남아 있으니 쉽게 할 수 있고, 또 기억에도

오래 남아 효과적입니다.

절대 선생님들이 여러분을 골탕먹이기 위해 숙제를 내 주는 것이 아닙니다. 숙제가 많은 것은 그만큼 중요한 내용을 배웠기 때문이에요.

그리고 '다음 수업 시간까지 숙제'라는 선생님 말에 줄곧 놀기만 하다가 하루 전날 허겁지겁 숙제를 챙기거나 아예 잊어 버려서 숙제를 안 해 가는 경우도 있을 거예요.

숙제는 학생으로서 당연히 해야 하는 의무와도 같은 것입니다. 작은 일이라도 자신이 해야 할 일을 다하는 것은 기본입니다. 학생으로서 해야 할 일을 다하는 사람이 어른이 되어서도 자신의 일에 정성을 다하겠지요?

계획과 목표가 있으면 공부도 재미있다

시험 공부를 하려고 책을 펼치면, 이 많은 것을 언제 다 할까 하는 생각이 저절로 듭니다. 막막하고 짜증이 나고, 또 공부를 하다 보면 시간이 없어서 허둥대기 일쑤고요.

하지만 목표와 계획을 세워두면 공부가 재미있어집니다. 잠깐, 이 방법은 선생님도 해 봤던 방법이니까 100% 믿어도 돼요. 우선 목표를 세우세요. "에이, 목표 세워 봤자 소용없어요!" 하는 친구들, 냉정하고 현실적인 목표를 세우세요. 자신이 실천할 수 있는 목표요.

처음부터 너무 무리한 목표를 세우는 것은 좋지 않아요. 수학을 50점 받던 친구가 "이번에는 꼭 100점 받아야지!" 하는 것은 조금 힘든 목표예요. 단번에 정상을 정복하는 것은 슈퍼맨이나 스파이더맨밖에 없을 거예요.

지금 50점이라면 다음엔 60점, 70점 그렇게 한 계단 한 계단 올라가서 정상을 밟았을 때의 기쁨이란! 그리고 공부할 때 계획을 세우는 습관을 들이세요. 과목마다 시간을 정하고 공부할 참고서와 문제집도 정하고요. 자기 자신의 능력과 시간을 생각해서 계획과 목표를 세워야 해요. 자신에게 부족한 과목은 무엇인지, 학원이나 여러 가지 과외 활동 시간을 생각했을 때 언제 공부하는 것이 좋은지 등등을 가려서 계획표를 짜세요.

시험 공부 계획을 세울 때 한 가지 요령을 알려 줄게요. 시험 범위를 가지고 그래프를 그리세요. 막대그래프도 좋고 원그래프도 좋습니다. 시험 범위를 짧게 나누어 그래프로 나타내세요.

만약 국어 시험 범위가 36페이지부터 60페이지다, 그러면 그래프를 5페이지나 10페이지 단위로 나누세요. 그리고 공부를 해 나갈 때마다 빗금을 그어 공부한 양을 표시하는 거예요. 만약 시험 범위를 하루에 후딱 해치울 자신이 있다면 과목으로 그래프를 만들어도 되겠죠. 아니면 공부할 내용으로 그래프를 만들어도 좋습니다.

교과서, 참고서, 문제집 등등 자신이 공부해야 할 내용을 그래프로 그리고 빗금을 그어나가다 보면 어느 과목이 공부할 양이 많이 남았는지 알 수 있어요. 그리고 점점 까맣게 칠해져 가는 것을 보면 기분도 좋아집니다. 무슨 일이든 "내가 했다"는 느낌을 가진다면 저절로 능률이 올라요.

'피할 수 없으면 즐겨라' 라는 말이 있어요. 공부는 여러분뿐만 아니라 어른들도 평생 하는 것입니다. 피할 수 없는 거예요. 그렇다면, 즐기는 게 좋겠죠?

53
한 가지를 배우면 열 가지를 생각하자

하나를 가르치면 열을 안다. 꿈과 같은 말이지요. 어떻게 하나를 가르치는데 열 개를 깨달을 수 있을까요. 배운 하나를 기억하기도 힘든데 말이에요.

그런데 하나를 배우면 잘 잊어 버리지도 않고 열 개, 아니 스무 개를 알 수 있는 방법이 있습니다. 그러려면 우선 "공부는 교과서로 한다"는 편견을 버려야 해요.

물론 교과서는 공부하는 데 기본이 되는 책입니다. 교과서도 이해 못 하고 학원이나 참고서 등으로 좋은 성적을 올리겠다는 것은 말도 안 됩니다. 다만 생각의 폭을 조금 넓히자구요. 공부도 재미있어야 하는 법. 교과서에서 배운 내용을 실제 생활과 연관시켜 보세요. 또 공부라는 게 초등학교에서 끝나는 과목이 없어요. 국어든 수학이든 사회, 과학 모두 학년이 올라갈수록 똑같은 내용을 좀더 자세히 배우는 거랍니다. 수학에서 덧셈 뺄셈을 배우고 구구단을 외우면 학년이 올라갈수록 그것을 기본으로 공약수를 배우고 인수분해, 함수, 미분, 적분 등등 보다 많은 것들을 배우듯이 말이에요.

폭넓게 공부하기 위해서 앉아서 교과서와 참고서만 파는 것보다는 발로 직접 뛰고 눈으로 보며 익힌 것은 더 큰 효과를 볼 수 있어요.

공부는 발로 직접 뛰고 눈으로 보며 익히는 것이 더 큰 효과를 볼 수 있어요

우선 박물관에 가 보세요. 역사박물관에 가면 사회 시간에 배운 것들을 직접 볼 수 있습니다. 직접 보고 나면 생생하게 기억에 남아 지금뿐만 아니라 중학교 고등학교에 가서도 역사 공부가 재미있어질 거예요.

과학박물관에 가면 전시품뿐만 아니라 직접 실험을 할 수 있는 기회도 있기 때문에 과학에 흥미를 가질 수 있습니다.

미술 전시회나 음악회도 좋은 공부가 될 수 있어요. 감성도 키우고 미술가나 음악가에 대해서도 자연스레 알 수 있는 기회가 될 거예요. 전시회나 음악회는 감성을 키우는 데 최고입니다. 굳이 큰 갤러리나 유명 음악가의 공연이 아니더라도 부지런히 찾아다녀 보세요. 인사동에 가면 많은 화가들이 작품 전시회를 하는데 대부분 무료입니다. 자유롭게 많은 작품들을 감상할 수 있어서 좋아요. 또 구청이나 시에서 주최하는 음악회도 무료이거나 가격이 저렴합니다. 가벼운 마음으로 감상하기에 좋은 프로그램도 많으니까 잘 살펴 두었다가 가족이나 친구들과 함께 가 보세요.

물론 당장 성적을 올려야 하는데 이런 것들이 무슨 소용이 있을까 싶을 거예요. 하지만 건물 1층에서 보는 시야와 조금 시간을 들여 2층까지 올라가서 본 사람의 시야는 다릅니다. 또 1층과 2층의 차이를 안 사람만이 더 높은 곳으로 올라갈 생각을 할 수 있고요. 친구들과 함께 공부하는 것도 괜찮은 방법이에요. 시험 공부도 좋고 영어 스터디나 독서 토론회도 좋습니다.

여럿이 함께 공부하면 우선 함께 세운 계획을 지키게 됩니다. 혼자서 공부할 때는 꾀가 나기 쉽지만 친구들과 함께 하면 다른 사람에게 피해를 줄 수 없으니 게을러질 수가 없지요. 또 모르는 것을 서로 물어보면서 의견을 나눌 수 있기 때문에 혼자서 공부할 때보다 많은 정보를 얻을 수 있답니다.

54 골고루 책읽기

언제 어디서나 빠지지 않는 이야기, 바로 독서입니다. 아마 지금까지 귀에 못이 박히도록 들었을 거예요.

책읽기를 게을리하고 훌륭한 사람이 된 경우는 없답니다. 링컨은 워싱턴 위인전을 읽고 대통령이 되기로 결심했고, 한글을 창제한 세종대왕은 아픈 병중에도 몰래몰래 책을 읽었어요. 조국의 독립을 위해 싸운 안중근 의사도 '하루라도 책을 읽지 않으면 입 안에 가시가 돋친다'고 할 정도로 감옥 안에서도 책읽기를 게을리하지 않아 일본 간수들의 존경을 받았다고 합니다.

"책을 많이 읽으면 논리적으로 말할 수 있고 상상력도 풍부해질 수 있다고 하는데, 저는 잘 모르겠어요."

책 한두 권 읽었다고 해서 하루아침에 이룰 수 있는 건 아니에요. **책은 음식과 같은 것입니다. 음식을 먹으면 우리도 모르는 사이에 피가 되고 살이 되어 우리 몸이 부쩍부쩍 크는 것처럼, 책도 우리가 모르는 사이에 마음의 양식이 되고 교양이 되고 지식이 되는 거예요.** 그러니 꾸준히 먹어야 하는 것은 물론이고, 편식을 해서도 안 됩니다. 편식을 하면 영양을 골고루 갖추지 못하듯 책도 골고루 읽지 않으면 한쪽으로 치우친 지식만 갖게 될 거예요.

다양한 책을 읽을 수 있는 곳이 바로 도서관입니다. 도서관에 가면 거의 모든 분야의 책을 볼 수 있어요. 다들 시립 도서관이나 학교 도서관의 대출증 정도는 있겠죠? 아직 대출증을 만들지 않았다면 당장 만드세요. 책을 많이 읽는 습관을 들이는 첫걸음이 될 테니까요.

독서는 취미가 아니에요. 늘 익숙한 습관이 되어야 합니다. 가까운 곳에 책을 두고 늘 책을 읽을 수 있도록 하세요.

55 재미있게 신문과 뉴스 보기

신문은 어른들이 보는 것, 뉴스는 어른들만을 위한 프로그램.

그러나 요즘은 그런 생각이 많이 깨지고 있어요. 신문에도 어린이를 위한 코너가 있고 뉴스도 생각만큼 딱딱한 프로그램이 아니에요. 오히려 재미있고 유익한 정보를 많이 얻을 수 있답니다.

뉴스나 신문은 그 날 있었던 일을 짧은 시간이나 한정된 지면에 전달해 주기 때문에 꽤 논리적입니다. 그래서 뉴스와 신문을 보면 논리적으로 생각할 수 있는 훈련을 저절로 할 수 있어요. 그리고 우리나라뿐만 아니라 세계 곳곳에서 일어난 일들을 전해 주기 때문에 시야도 넓어지죠.

사실을 보도하는 만큼 공부에도 도움이 된답니다. 정치나 경제, 문화에 대한 이야기는 화면이나 사진과 함께 설명해 주기 때문에 기억에 오래 남아 그야말로 생생한 공부를 할 수 있습니다.

아직도 신문이나 뉴스는 어른들만의 것이라고 생각하고 있었다면, 이 기회에 살짝 엿보세요.

난 만화부터 읽어야지

신문의 경우는 애써 처음부터 끝까지 다 읽을 필요 없어요. 처음에는 큰 활자의 기사 제목만 읽으세요. 머릿기사 정도만 읽어도 사회가 어떻게 변하고 있는지 정도는 알 수 있습니다. 그리고 그 다음에 관심이 가는 것을 읽으세요. 만화부터 읽어도 상관없어요.

　우선 관심을 가지는 것이 중요해요. 신문이든 뉴스든 처음부터 100% 다 이해하려고 하면 어려울 수 있고 금방 싫증이 날 수 있습니다.

　뉴스든 신문 기사든 그냥 훑어보다가 흥미를 끄는 기사가 있으면 언제, 어디서, 무슨 일이, 어떻게, 왜 일어났는지 신경써서 읽고 들으세요. 그리고 기사에 대해 스스로 정리하고 생각하는 습관을 들이면 논리적으로 생각하고 말하는 것은 저절로 따라옵니다.

56 공부만큼 중요한 제대로 놀기

"너는 도대체가 뭐 하나 제대로 하는 것이 없니?"

이 말처럼 자존심상하고 슬픈 말은 없을 거예요. 나름대로 열심히 하는데 알아 주지 않으니 섭섭하기도 하고, 정말 제대로 하는 게 하나도 없을까 생각해 보면 정말 그런 것 같아 괜히 씁쓸해지기도 하고요.

여러분은 얼마나 뜨거운 열정을 가지고 있나요? 열정이 없는 사람, 다시 말해 무슨 일이든 화끈하게 하지 않는 친구들은 정말로 제대로 하는 것이 하나도 없답니다. 이 일을 하면서도 다른 일을 걱정하고, 그 다른 일을 하면서도 바로 싫증을 내며 다른 일에 눈이 간다면 결국에는 제대로 한 것은 하나도 없이 시간만 낭비하게 됩니다.

무슨 일을 하든 순간에 충실하고 열정을 가지도록 하세요.

놀 때는 공부와 담을 쌓은 아이처럼 놀고…

공부만이 아니에요. 놀 때도 열심히 노세요. 놀 때만큼은 공부와 담을 쌓은 아이처럼 노는 것이 좋아요. 놀면서도 머리 속으로 시험 걱정, 숙제 걱정을 하면 오히려 스트레스가 쌓이고 노는 것도 재미없어집니다.

대신 공부할 때는 깨끗하게 놀던 것은 지우고 공부만 하세요. 놀 때는 공부할 걱정을 하고

덩달아 나도 에너지가 넘치네

공부할 때는 재미있게 못 논 것을 억울해하면 집중력이든 의욕이든 하나도 안 생깁니다.

취미 생활에도 열정을 가지고 즐기세요. 욕심을 부리기도 하고 그 시간만큼은 푹 빠져서 열중하다 보면 실력이 부쩍 늘어날 거예요.

그렇게 열정에 차 있는 사람은 생기있어 보입니다. 열정이 넘치는 사람과 같이 있으면 옆에 있는 사람도 덩달아 에너지가 넘쳐요.

재미있고 신납니다. 그렇기 때문에 친구들이 많고 좋은 인상을 주는 것이 당연하죠.

이것도 찔끔, 저것도 찔끔하면 이것도 어설프고 저것도 왠지 어색한 것이 사람까지 미적지근하게 보입니다. 순간순간에 열정을 가지고 집중하는 습관을 가지세요.

57 IQ 150을 이길 수 있는 메모

가끔 그런 생각을 할 때가 있어요.

하, 우리 머리가 스펀지 같아서 뭐든 쫘악! 빨아들이면 얼마나 좋을까. 아니면 컴퓨터처럼 순식간에 업그레이드할 수 있다면 얼마나 좋을까.

그러나 불가능하다는 거, 다 알죠? 사람 머리는 한계가 있기 때문에 많은 것을 기억할 수 없습니다. 아무리 머리가 좋고 기억력이 뛰어나다고 해도 백이면 백 모두를 기억할 수 없어요.

그래서 꺼낸 비장의 카드! 바로 메모입니다. IQ 150보다 뭉툭한 연필이 더 낫다는 말이 있을 정도로 메모는 중요합니다.

메모는 그야말로 요점을 간략하게 적는 것입니다. 사람의 기억력은 한계가 있기 때문에 부족한 기억력 부분은 메모로 채워야 합니다.

또 여러 가지 일이 겹쳤거나 걱정거리가 있을 때도 메모를 해 보세요. 하나 하나 쓰다 보면 정리가 되어 마음이 편안해지고 또 해결책이 보이기도 합니다. 해야 할 일들을 적어 두고 마쳤을 때 하나 하나 지우는 것도 재미있고요.

메모하는 습관 역시 몸에 익혀 두어야 하는 좋은 습관이에요.

1. 메모는 때와 장소를 가리지 않는다

메모는 그때 그때 생각나는 것이나 사실을 기록하는 거예요. 공책 필기와는 다른 것입니다. 때와 장소가 없습니다. 늘 메모를 할 수 있는 작은 수첩과 필기도구를 가지고 다니세요.

2. 메모는 나만의 글자로도 가능하다

메모는 반드시 글자로 표기하라는 법은 없어요. 자신만이 알아볼 수 있으면 그림이든 암호든 상관없습니다.

3. 메모는 화려해야 한다

메모를 해 놓고 잊어 버린다면 아무 소용이 없겠지요. 할 때는 간단하게 하되 다시 볼 때는 한눈에 들어오는 것이 중요해요. 그러려면 반드시 기억해야 하거나 중요한 부분은 밑줄을 긋거나 동그라미로 표시하세요. 색깔펜을 사용하는 것도 좋은 방법입니다.

58 뇌를 살찌울 수 있는 음식을 먹자

편식을 하지 않는 것이 좋다는 것은 앞에서도 말했어요. 꼭꼭 씹어 먹으면 머리가 좋아지고, 젓가락질도 머리가 좋아지는 데 한몫한다는 것도 이제는 알 거예요.

거기에 더해 뇌에 좋은 영양을 주는 음식을 찾아볼까요?

1. 견과류

흔히 호두가 뇌와 비슷하게 생겨서 먹으면 머리가 좋아진다고 하는데 틀린 말이 아닙니다. 호두, 잣, 아몬드, 땅콩 같은 견과류는 뇌세포에 좋은 영양제랍니다. 불포화 지방산이 많이 함유되어 있어 뇌신경세포가 자라는 것을 도와 주거든요.

2. 등푸른 생선과 해조류

참치, 고등어, 청어, 연어, 꽁치 같은 등푸른 생선에는 뇌의 중추신경계를 구성하는 지방산이 들어 있어 뇌에 좋습니다. 또 몸에 흡수되면서 뇌세포의 구성 성분인 DHA로 변하는데, 특히 어릴 때 먹을수록 뇌에 많이 쌓인다고 해요.

비타민이나 무기질이 풍부한 해조류도 두뇌 활동을 활발하게 해 주고, 피를 만드는 요오드를 보충해서 피를 맑게 하는 효과가 있어요.

3. 콩

콩에는 뇌세포의 회복을 도와 주는 레시틴이 풍부하게 들어 있어요. 또 뇌의 노화를 막아 주는 사포닌도 많이 함유되어 있어 어른이나 어린이 모두에게 좋은 식품이죠. 만약 콩을 싫어한다면 두부나 두유, 콩나물콩으로 만든 식품을 많이 먹으세요.

4. 단백질 식품

단백질은 한창 자라는 어린이에게 꼭 필요한 영양소입니다. 뿐만 아니라 지능 발달에도 도움을 주죠. 단백질이 풍부한 쇠고기, 돼지고기, 닭고기 같은 육류와 달걀 등을 충분히 섭취하세요.

제대로 오래 기억할 수 있는 습관

사람의 머리는 아무리 좋아도 70~80%밖에 기억 못해요. 어차피 한번 보고 들어서 영원히 기억하는 사람은 없습니다.

듣고 돌아서면 잊어 버린다는 친구들은 더 많이 노력해야 해요. 남들은 한두 번이면 기억하는 것을 자신은 서너 번 해도 가물가물하다면 다시 반복해야 합니다. 머리에 완전히 새겨 넣어야 해요. "이 정도면 외웠겠지"라는 생각이라면 십중팔구 돌아서면 잊어 버립니다. 완전히 자기 것이 될 때까지 확인하도록 하세요.

당장에야 남들보다 배는 노력해야 한다는 게 짜증이 날 수도 있습니다. 하지만 머리는 쓰면 쓸수록 좋아진다고 해요. 그러니까 노력하면 노력한 만큼 기억력도 좋아질 수 있습니다.

1. 온몸으로 외운다

기억해야 할 내용을 눈으로만 읽지 말고 입으로 중얼거리고 메모를 하면서 외우면 더 기억에 오래 남아요. 특히 공부를 하다가 정말로 잘 외워지지 않을 때, 선생님이 되어 보세요. 친구나 가족, 또는 거울을 보고 공부한 내용을 술술 말하다 보면 기억이 훨씬 잘 됩니다.

2. 늘 단서를 남겨라

무작정 달달달 외우려고 하면 잘 외워지지도 않고 시간도 많이 걸려요. 글자 그대로 외우기보다는 사물과 연관시켜 외우세요. 그러면 더 오래 기억에 남을 거예요.

3. 짜증은 금물

아무리 해도 안 외워진다고 할 때, 짜증내면 오히려 뇌가 더 피곤해해요. 그럴 때는 잠시 책을 덮고 뇌를 쉬게 해 주세요.

뇌는 30~40분이 지나면 점점 활동이 둔해져요. 그렇기 때문에 1시간이 넘으면 기억력과 집중력이 점점 떨어져요. 무조건 오래 앉아 있다고 많은 양을 기억할 수 있는 것은 아닙니다. 많은 정보를 집어넣는 만큼 뇌에게도 쉬는 시간을 주는 것이 기억력을 높일 수 있는 습관이에요.

4. 욕심은 금물

기억력에 대해 너무 자신하지 마세요. 공부하자 마음먹고 오늘은 진도를 어디까지 나가겠다는 의욕은 좋은데, 능력보다 많은 내용을 외우려다 보면 짜증이 나고 오히려 기억력이 떨어져요.

5. 적당한 운동

기억력과 운동이 무슨 상관이 있을까 싶겠지만, 뇌신경은 적당한 자극을 받으면 기억력을 높일 수 있답니다. 또 좋은 음악과 멋있는 미술 작품을 관람하면서 감성을 키워도 뇌를 발달시켜 기억력에 도움이 돼요.

60 낙타가 바늘구멍을 통과할 수 있는 집중력

밥 먹을 때, 아빠는 신문을 보시고 아이는 텔레비전을 보고. 그러다 보면 밥이 입으로 들어가는지 코로 들어가는지 모르죠. 다른 곳에 정신이 팔려 있어 뜨거운 국을 마시다가 입천장을 데고, 반찬을 집다가 흘리기도 하고요.

컴퓨터 오락을 하면서 책을 읽고 수업 시간에 선생님 말씀을 들으면서 짝이랑 잡담을 할 수 있다면 좋겠지만, 나중에 보면 제대로 한 게 없을 거예요. 책을 읽은 것도, 공부를 한 것도 아니고, 그렇다고 재미있게 오락을 하거나 신나게 친구와 떠든 것도 아니고 어중간한 상태로 머리가 띵할 거예요.

멀티플레이어, 다시 말해 한번에 여러 가지를 잘하는 사람, 좋지요. 축구에서도 공격과 수비를 함께 할 수 있는 선수를 최고로 꼽으니까 말이에요.

하지만 생활은 달라요. **한꺼번에 여러 가지 일을 하면 집중력이 떨어지기 때문에 오히려 비능률적일 때가 많아요. 식사할 때는 식사만, 텔레비전 볼 때는 텔레비전만 그리고 공부할 때는 공부만 하세요.**

공부할 때 음악을 들으면서 하면 잘 된다는 친구들이 있는데, 어느 정도는 효과가 있다고 느낄 수 있을지 몰라요. 하지만 음악을 들으면서 공부하면 점점 이해력이나 암기력이 떨어질 수 있어요. 5분이면 될 문제풀이가 10분이 걸릴 수도 있고, 쉽게 외울 수 있는 내용도 잘 외워지지 않습니다. 자신도 모르게 다른 곳에 정신이 팔려 온전하게 공부를 하지 못해요. 깨끗하게 한 곳에 집중해서 일을 마치는 습관을 들이세요.

집중력을 높여 공부하려면 우선 방해되는 요소들을 없애야 해요. 라디오를 끄고 텔레비전을 끄고, 책상 주변도 정리하고 그런 다음에 책상 앞에 앉으세요.

그런 다음에 내부의 적을 물리치세요. 이런 저런 잡생각을 버리세요. 걱정거리나 관심거리는 잠시 구석으로 몰아 놓고 마음의 준비를 하세요. 처음에는 자꾸만 다른 생각이 방해하지만 점점 집중력이 높아지고 집중할 수 있는 시간도 늘어날 것입니다.

또 집중만큼 중요한 것이 휴식이에요. 집중력은 시간이 지나면 점점 떨어져요. 보통 사람이 완전히 하나에 집중할 수 있는 시간은 30~40분 정도입니다.

그렇기 때문에 잠깐잠깐 쉬는 것이 좋습니다. 그렇다고 다시 텔레비전이나 컴퓨터를 켜거나 만화책을 보면 샛길로 빠질 수 있어요. 간단하게 기지개를 켜거나 시원한 물을 마시거나 신선한 공기를 마시면서 잠깐 잠깐 휴식을 취하세요.

61 무작정 따라쟁이는 되지 말자

    옛날 중국에 '서시'라는 아주 아름다운 여인이 있었습니다.
    얼마나 아름다웠냐면, 헤엄치던 물고기가 서시를 보고는 그만 헤엄치는 것을 잊어 버려 물 속으로 가라앉을 정도였다고 해요. 그러니 사람은 오죽했겠어요? 서시를 본 사내들은 모두 상사병에 걸렸지요.
    그런데 서시는 평소에 얼굴을 약간 찡그리는 버릇이 있었어요. 속병이 있어서 위가 아플 때 순간 두 눈썹을 약간 찌푸리는 것인데, 그것이 서시를 더욱 아름답게 했습니다.
    사내들이 모두 서시만 바라보고 있으니, 처녀들은 서시가 아주 얄미웠지만 한편으로는 부러웠어요.
    "어떻게 하면 서시처럼 예뻐질 수 있을까?"
    "서시처럼 하면 남자들한테 인기가 많을까?"
    그래서 여자들은 서시 흉내를 내기 시작했어요. 서시가 하는 몸짓, 웃음소리 그리고 얼굴을 약간 찡그리는 표정까지요.
    하지만 얼굴을 찡그리는 것이 예뻐 보이기는커녕 험악하게 인상을 쓰고 있는 것처럼 보였어요.
    "동네 처녀들이 다 왜 저래? 한꺼번에 안 좋은 일이 있나?"

"그러게 말이야. 가만히 있어도 서시와 비교되는데 왜 얼굴까지 찡그리고 난리들인지."

동네 처녀들이 서시 흉내를 내면 낼수록 사내들은 점점 더 동네 처녀들을 거들떠보지도 않았습니다.

공부 잘하는 아이들에게는 분명히 비법이 있습니다. 그 비법만 안다면, 그 비법대로만 한다면 자신도 성적이 쑥쑥 올라갈 것 같죠?

그런데 막무가내 따라쟁이가 되는 것은, 글쎄요. 우리 반 일등이 가지고 있는 문제집, 참고서 그리고 다니는 학원을 무조건 따라한다고 똑같이 나도 일등이 될까요? 그렇다면 위의 이야기에서 서시를 따라한 동네 처녀들도 모두 미인이 되어야 하게요.

일등 하는 아이가 하는 대로 따라한다고 누구나 일등이 되는 것은 아니에요. 그 비법 가운데 자신에게 맞는 것을 찾아 스스로 공부하는 습관을 들여야 해요. 그대로 흉내만 내면 들러리밖에 될 수 없습니다.

공부하기 전 준비 운동, 정리정돈

이제 마음먹고 공부 좀 해 볼까 하고 책상에 앉았는데, 어라? 문제집이 어디 있지? 연필은? 흠, 색깔펜이 필요한데 어디 있으려나, 풀하고 가위는 꼭 찾을 때마다 없어. 그렇게 허둥대다 보면 정작 공부는 시작도 하기 전에 지쳐 버리게 돼요.

운동을 할 때는 반드시 준비 운동을 해야 합니다. 준비 운동을 잘해야 다치지도 않고 재미있게 할 수 있습니다.

공부도 마찬가지예요. 미리미리 준비하는 습관을 들이면 훨씬 효과적으로 공부할 수 있어요. 눈감고 손만 뻗으면 어디에 뭐가 있는지, 그리고 아무리 꺼내 써도 헝클어지지 않게 물건을 정리해 보세요.

우선 방을 혼자 쓰는지, 아니면 형제와 같이 쓰는지에 따라 정리 방법에 조금 차이가 있어요. 혼자 쓰는 방이라면 자기 편한 대로 해도 되지만, 동생이나 형 또는 다른 가족과 함께 쓰는 방이라면 서로의 입장을 충분히 생각해야 합니다.

그런 다음, **정리정돈의 기본은 '끼리끼리'예요. 책은 책끼리, 공책은 공책끼리, 옷은 옷끼리 모아 두어야 찾기도 쉽죠.**

그 다음에 다시 작게 분류하는 거예요. 책의 경우는 교과서는 교과서끼리, 소설은 소설끼리, 잡지는 잡지끼리 말이죠. 옷도 겉옷, 속옷을 따로

정리하고 계절별로도 정리합니다.

그리고 자주 쓰는 물건과 그렇지 않은 물건을 구분하세요. 자주 쓰는 물건들은 손을 뻗으면 닿을 곳에 두는 것이 좋아요. 서랍 정리를 할 때도 자주 안 쓰는 물건은 맨 밑에 놓고 그 위로 자주 쓰는 물건을 정리합니다.

정리정돈을 아무리 잘해도 금방 헝클어지면 도루묵이 되기 쉽죠. **방을 깨끗하게 하려면 청소를 자주 하는 것은 물론, 물건을 쓰고 나면 제자리에 두는 거예요.** 그래야 다음에 찾을 때 쉽게 찾을 수 있어 시간 절약에도 도움이 됩니다.

63
수업 시간은 나의 독무대, 질문

여러분은 선생님에게 얼마나 잘 보이고 있나요?

아아~, 그렇다고 귀여움을 독차지하기 위해 선생님에게 아부를 하라는 말이 아닙니다. 그리고 그런 것에 쉽게 넘어갈 선생님도 없어요.

선생님은 그런 것보다는 평소 여러분이 친구들과 어떻게 지내는지 그리고 수업 시간에 얼마나 집중해서 듣는지 그것을 중요하게 여깁니다. 특히 수업 시간에 두 눈을 말똥말똥 뜨고 바라본다면 그 눈빛을 결코 잊지 못하죠.

수업 시간에 선생님에게 잘 보이려고 하는 것은 모두 자기 자신을 위한 것입니다. 선생님의 관심을 한몸에 받게 되면 수업도 재미있어지고 그러다 보면 공부도 잘 되고 성적도 오를 테니까요.

그렇다면 수업 시간에 선생님의 관심을 끌 수 있는 방법이 뭐가 있을까요? **집중은 기본, 거기에 더해 '질문'이 최고의 방법입니다.**

질문을 하면 수업 시간에 더 집중을 할 수 있어요. 그리고 그렇게 알게 된 지식은 쉽게 잊어 버리지도 않지요.

그리고 '질문은 모르는 사람만 하는 것'이라는 생각은 버리세요. 오히려 알기 때문에 궁금한 게 생기는 경우가 많답니다. 질문하는 것이 창피해서 그냥 넘어간다면, 순간을 지나칠 수는 있을지 몰라도 나중에 더 큰

창피를 당할 수도 있어요.

　스스로 해결해 보겠다는 생각도 좋기는 하지만 수업 시간에 궁금한 것은 그때 그때 질문하는 것이 좋습니다. 나중에 따로 시간을 들일 필요도 없고 깜짝 잊어 버릴 염려도 없으니까요.

64 선생님의 팬이 되자

갑자기 학생 한 명이 학교에 가기 싫다고 해서 부모님이 아주 속상해 한 적이 있어요. 부모님이 달래기도 하고 혼내기도 했지만 쉽지 않았습니다. 학생이 학교를 안 가겠다니, 부모님은 걱정이 이만저만 아니었습니다. 그래서 이래저래 알아 봤더니 원인은 선생님이었습니다. 평소 장난기가 있던 이 학생이 장난을 치다가 그만 선생님에게 크게 혼이 난 것이었습니다. 그 후로 학생은 '선생님은 나만 미워한다'고 생각하게 되었어요. 그러니 선생님이 하는 수업 시간도 재미없고 나중에는 선생님 얼굴을 보는 것조차 싫어서 학교에 안 가겠다는 말이 나온 것입니다.

여러분을 낳아 주신 분이 부모님이라면, 선생님은 부모님과 함께 여러분을 바른 길로 이끌어 주는 사람입니다. 집에서 부모님의 보호를 받듯이 학교에서는 선생님의 보호를 받는 거예요. 선생님은 학교에서 여러분의 부모님입니다.

자기 자식이 잘못된 행동과 버릇을 가지고 있는데 가만히 있을 부모님은 없잖아요. 선생님도 마찬가지예요.

여러분이 밉거나 싫어서 벌을 주고 혼을 내는 것이 아니라, 여러분을 바른

길로 이끌기 위해 사랑의 매를 드는 것입니다.

　요즘은 선생님과 학생 사이가 점점 멀어지는 듯합니다. 선생님이 체벌을 한다고 경찰에 신고하고, 심지어 수업 시간에 선생님에게 대들어 상처를 입히기도 하고요. 스승의 그림자도 밟지 않는다는 옛날에는 상상도 할 수 없는 일이죠.

　대부분 선생님을 어렵고 먼 사람이라고 생각하는데, 선생님은 늘 여러분을 맞을 준비를 하고 있답니다. 선생님은 여러분이 무슨 잘못을 하나 노려보는 사람도 아니고 공부만 시키려고 두 눈에 불을 켜고 있는 사람도 아니에요. 선생님과 몇 번 말을 하다 보면 금방 알게 될 거예요. 여러분에게 얼마나 많은 사랑을 가지고 있는지 말이에요. 그리고 어쩌면 여러분보다 성대모사나 모창도 더 잘하고 댄스 실력도 엄청날지 몰라요.

　이제 선생님의 팬이 되어 보세요. 그리고 선생님과 친해지세요. 그러면 학교 생활이 훨씬 더 즐거워지고 수업 시간도 무척 재미있어질 거예요.

83
나도 한다, 아침형 아이

성공한 사람 치고 게으른 사람은 없습니다. 남들과 똑같아서는 절대 뛰어난 사람이 될 수 없습니다. 남들보다 부지런하고 시간을 잘 활용해야만 특별한 사람이 될 수 있는 것입니다.

모든 사람에게 하루 24시간 똑같이 주어지지만 어떻게 활용하느냐에 따라 시간의 값어치는 달라집니다.

특히 아침 한 시간의 값어치는 오후 두세 시간과 맞먹습니다. 아침은 하루 중 집중력도 가장 좋을 때이고 머리 회전도 빠르기 때문에 새로운 아이디어를 짜내기도 좋습니다. 그렇기 때문에 오전 시간을 잘 보내면 하루가 길어지고 알차답니다.

아침에 일어나는 시각을 조금씩 앞당겨 보세요. 그렇다고 하루에 두세 시간씩 아침잠을 줄이는 것은 불가능해요. 오래 가지도 못하고요. 하루에 10분 정도 조금씩 앞당기세요.

그렇게 얻은 시간에 무엇을 할지 정해 놓으세요. 귀한 시간을 무엇을 해야 할지 몰라 흐지부지 보내면 정말 아까우니까요. 공부를 할 것이라면 무슨 과목을 할 것인지, 책을 읽을 것이라면 어떤 책을 읽을지, 운동을 하려면 어떤 운동을 할지 구체적으로 정하는 것이 좋습니다.

아침 시간을 어떻게 보내느냐에 따라 하루가, 아니 평생이 달라질 수 있습니다. 30분씩 꾸준히 외국어 공부를 해서 실력을 쌓은 사람도 있고, 운동을 열심히 해서 건강해진 사람도 있습니다.

하지만 단순히 아침에 일찍 일어난다고 다 아침형 인간이 되는 것은 아닙니다. 아침 시간을 제대로 잘 활용하지도 못하고 새벽부터 일어나 멍하니 앉아 있을 거라면 그냥 자는 게 나아요.

글 조영경 그림 이일선 초판 1쇄 발행 2018년 01월 20일
펴낸이 윤옥임 펴낸 곳 브라운힐 편집 김은태 마케팅 손홍석
주 소   서울시 마포구 신수동 219번지
전화 02) 713- 6523   팩스 02) 3272- 9702
ISBN 979-11-5825-050-8 (5대짱 되는 좋은 습관 65가지)

*잘못된 책은 바꾸어 드립니다.